Monitoramento e métricas de MÍDIAS SOCIAIS: do estagiário ao CEO

Um **modelo prático** para toda a empresa usar **mídias sociais** com **eficiência** e de **forma estratégica**

DIEGO MONTEIRO
RICARDO AZARITE

www.dvseditora.com.br
São Paulo, 2012

Monitoramento e métricas de
MÍDIAS SOCIAIS:
do estagiário ao CEO

Copyright© DVS Editora 2012

Todos os direitos para a língua portuguesa reservados pela editora.
Nenhuma parte dessa publicação poderá ser reproduzida, guardada pelo sistema "retrieval" ou transmitida de qualquer modo ou por qualquer outro meio, seja este eletrônico, mecânico, de fotocópia, de gravação, ou outros, sem prévia autorização, por escrito, da editora.

Diagramação: Konsept Design & Projetos
Capa: Grasiela Gonzaga – Spazio Publicidade e Propaganda
Edição: Eliseu Barreira Junior

Nota: Muito cuidado e técnica foram empregados na edição deste livro. No entanto, podem ocorrer erros de digitação, impressão ou dúvida conceitual. Para qualquer uma dessas hipóteses, solicitamos a comunicação ao nosso serviço de atendimento através do e-mail: atendimento@dvseditora.com.br. Assim poderemos esclarecer ou encaminhar sua questão.

Dados Internacionais de Catalogação na Publicação (CIP)
(Câmara Brasileira do Livro, SP, Brasil)

Monteiro, Diego
  Monitoramento e métrica de mídias sociais : do estágio ao CEO : um modelo prático para toda empresa usar mídias sociais com eficiência e de forma estratégica / Diego Monteiro, Ricardo Azarite. -- São Paulo : DVS Editora, 2012.

  ISBN 978-85-88329-81-2

  1. Comunicação organizacional 2. Marketing na Internet 3. Mídia social - Administração 4. Mídia social - Aspectos econômicos 5. Mídia social - Monitoramento 6. Redes sociais on-line I. Azarite, Ricardo. II. Título.

12-12886					CDD-658.45

Índices para catálogo sistemático:

1. Mídias sociais : Monitoramento e métrica :
      Administração de empresas   658.45

SUMÁRIO

Prefácio 5

Introdução

Mídias sociais: mais que um departamento, uma competência para todas as áreas da empresa 9

Capítulo 1

Como superar a visão "broadcast" para se aproximar dos clientes nas mídias sociais 25

Capítulo 2

Níveis de maturidade em mídias sociais: o caminho para a evolução da empresa 37

Capítulo 3

O ciclo das mídias sociais na perspectiva dos negócios 61

Capítulo 4

Monitoramento: o coração das mídias sociais 75

Capítulo 5

Como definir métricas a partir dos objetivos de negócio 83

Capítulo 6

Classificar, capturar e analisar: como colocar em prática
o planejamento 123

Capítulo 7

Aculturar: espalhando a cultura *social* na empresa 139

Capítulo 8

A operação de mensurar os dados das mídias sociais 149

Capítulo 9

Capturar: dimensionando o trabalho de mídias sociais 163

Capítulo 10

Analisar: transformando dados isolados e descontextualizados em
informações relevantes 191

Conclusão

A cultura das mídias sociais 213

PREFÁCIO

Nas interações sociais que tenho em torno da temática das mídias sociais, sejam elas em rodinhas de cerveja, em conversas informais ou em palestras, o assunto mais quente e que mais provoca sentimentos inconsistentes é a tal da medição do retorno sobre investimento (um sentimento que ROI por dentro). Arrisco dizer que além do retorno, também existem outras inquietudes sobre a medição da performance de ações e reações em mídias sociais. Talvez pelo simples fato de que nós, humanos, ignoramos a ciência e paciência requeridas quando queremos melhorar a forma como interpretamos nosso empirismo nos negócios.

Buscamos sempre o caminho mais fácil: "Se deu certo com ele vai dar certo comigo", "Vamos fazer como nosso concorrente", "Se o guru falou é porque dá certo". Será que medir está tão misturado com nosso cotidiano que esquecemos de tratá-lo como tal? Afinal de contas, tomamos a dose correta de remédio para o efeito sair como desejamos, compramos roupas sabendo que medida precisamos e nossos edifícios ficam de pé porque usamos as medidas certas de largura e distância entre pilares.

Nesta altura, Peter Drucker deve estar mandando sinais paranormais para nos lembrar da sua célebre frase: "Se você não pode medir, você não vai conseguir gerenciar". E para que serve medir a performance do seu negócio? Cito pelo menos quatro razões-chave para justificar: melhorar sua tomada de decisão, aprender e ajustar para evoluir seu desempenho, abrir alas para que você consiga estipular metas a serem alcançadas e agir em tempo para corrigir algo em rota de colisão. Será que vale a pena investir um tempo para entender e interpretar melhor o que estamos fazendo nas mídias sociais?

Dados quantitativos derivados da nossa experimentação ajudam a complementar nossas percepções, discussões, entendimento e, até mesmo, podem explicar resultados qualitativos que são mais difíceis de mensurar. Albert Einstein uma vez disse que "nem tudo o que pode ser contado conta, e nem tudo o que conta pode ser contado". Essa é a beleza e a verdadeira ciência da medição de desempenho: nunca sabemos a resposta correta e a incerteza apimenta nosso cotidiano profissional. No frigir dos ovos, todos queremos saber o que podemos tirar das mídias sociais para justificar o investimento em tempo e dinheiro nelas e, uma vez fazendo algo nesse ambiente, como acompanhar de maneira efetiva.

Para sanar dúvidas de forma definitiva, este livro tem uma metodologia bem estruturada e poderosa para ajudar sua empresa ou seus negócios florescerem nas mídias sociais. Os autores aceleram o seu entendimento e aprendizado introduzindo o conceito do "Ciclo de Mídias Sociais" (SMC - abreviatura do inglês *Social Media Cycle*) e estabelecem três níveis de maturidade deste ciclo: um caminho evolutivo prático e objetivo para que a adoção das mídias sociais ocorra de forma progressiva e gere valor para seus negócios sem colocar a carroça na frente dos bois. Com isso, você já parte com metodologia e objetivos nas mãos. Falta executar e monitorar.

E falando em monitorar, o livro está recheado de exemplos de métricas e formas de acompanhamento das ações em mídias sociais, sejam elas feitas e executadas internamente, por equipe própria ou externamente. As métricas também não estão sozinhas. O livro ajuda a refletir sobre os seus processos de negócios e como sua equipe está estruturada.

PREFÁCIO

Recomendo a leitura para quem deseja aprender sobre mídias sociais e recomendo adotar este livro como guia prático para múltiplas consultas futuras.

Fabio Cipriani
Autor de "Estratégia em Mídias Sociais - Como Romper o Paradoxo das Redes Sociais e Tornar a Concorrência Irrelevante"

INTRODUÇÃO
MÍDIAS SOCIAIS: MAIS QUE UM DEPARTAMENTO, UMA COMPETÊNCIA PARA TODAS AS ÁREAS DA EMPRESA

INTRODUÇÃO
MÍDIAS SOCIAIS: MAIS QUE UM DEPARTAMENTO, UMA COMPETÊNCIA PARA TODAS AS ÁREAS DA EMPRESA

Um cliente de uma empresa posta em seu perfil de uma mídia social: "Que droga! O celular que eu comprei pela Internet ainda não chegou. Liguei para a empresa e fui mal atendido". Quando a empresa citada vê esta informação na internet, com o potencial de ser replicada por outras pessoas, o primeiro pensamento é: precisamos resolver o problema. Mas qual área deve ajudar o cliente? Provavelmente, a área de atendimento, certo? Talvez não. Isso porque o problema não foi apresentado pelo cliente em um canal privado, como telefone, carta ou e-mail, mas publicamente nas mídias sociais! Logo, é certo que a área de Relações Públicas da empresa deveria ter conhecimento do post. E não paramos por aí! A informação também poderia ser aproveitada pela área de Marketing, interessada em conhecer a percepção da marca entre os consumidores. Pelo pessoal de Logística, que precisa controlar a qualidade das entregas. Pelo departamento de Recursos Humanos, que poderia identificar comportamentos de funcionários que não percebem o valor do cliente.

Em poucas linhas, seria possível mostrar a relevância dessa informação para praticamente todas as áreas e níveis hierárquicos de uma organização. Por quê? Porque as mídias sociais são conexões entre pessoas – e uma empresa é movida por pessoas, pelos seus interesses, hábitos e anseios. Ela é movida, principalmente, pelas pessoas que contribuem para seu lucro ou prejuízo: os clientes. Assim, percebemos que a importância das mídias sociais dentro das empresas é muito maior do que se pressupõe. As mídias sociais são um campo de conhecimento que obriga todas

> "Mídia social não é um departamento, é um conhecimento. Podemos pensar menos em mídias sociais como uma área isolada e mais em Direito ou Recursos Humanos aplicados a mídias sociais"
>
> **Ian Black**
> CEO da New Vegas

> "Mídia social deve ser uma disciplina de todas as áreas do conhecimento. Ela não é só um departamento, mas uma competência dos profissionais, das equipes e da organização"
>
> **Luciano Palma**
> Community Manager da Intel

as áreas a conhecer seu impacto. Por causa disso, as mídias sociais não devem ser vistas como uma atividade restrita a um departamento específico da organização. Elas têm reflexos sobre todos os colaboradores.

As aplicações em mídias sociais são praticamente infinitas. Elas podem ir de uma agência de publicidade a uma consultoria de Recursos Humanos, de uma assessoria de imprensa a um call center, de um departamento de Logística a uma área de Marketing. Dependendo do tipo de negócio, alguns processos são mais impactados que outros pelas mídias sociais, mas todos têm a oportunidade de estar nelas e receber informações úteis para o seu dia a dia e para o planejamento de ações futuras.

A clareza da importância e do impacto multidisciplinar das mídias sociais nos negócios faz do monitoramento (que é capturar e ouvir o que as pessoas dizem nos canais sociais e analisar essas informações para a tomada de decisão) o pré-requisito principal desse novo campo do conhecimento. Se as redes são um diálogo entre pessoas e empresas, sabemos que não existe conversação sem o ouvir. Depois que o primeiro passo da escuta ocorre, é aquele momento em que a empresa já absorveu o suficiente para saber como se posicionar de forma relevante. A partir daí, ela pode realizar diferentes ações: fazer um atendimento (conhecido como SAC 2.0), colher feedbacks, publicar conteúdos que atendam às necessidades dos clientes e promover campanhas para ativar e aumentar sua percepção nas mídias sociais.

O grande salto necessário: um modelo de trabalho em mídias sociais para toda a empresa

No mundo dos negócios, é fácil perceber que qualquer atividade precisa ser feita em conjunto com participantes internos (áreas pares e alta direção) e externos (fornecedores e parceiros) alinhados. Não é possível conceber uma campanha de publicidade para anunciar um novo produto de uma grande marca, por exemplo, sem a área financeira conhecer os gastos que isso acarretará, sem o conhecimento do modelo de trabalho das agências, sem a preparação da área de atendimento para lidar com o aumento de ligações e as dúvidas que podem surgir, sem os promotores de vendas serem treinados pelo departamento de Recursos Humanos. Isso porque todas as áreas da organização têm fundamentos e um modelo de trabalho já difundido e entendido pelo mundo dos negócios. Com o boom do uso das mídias sociais, é cada vez mais urgente a criação e difusão de um modelo de trabalho para esse mundo.

Durante a primeira década dos anos 2000, as mídias sociais foram abordadas apenas num nível conceitual pelos estudiosos e profissionais da área. Falou-se muito sobre cases e pouco sobre práticas e construção de modelos de trabalho. Como resultado, a área é carente de discussões, estudos, livros e artigos que mostrem formas de atuação num cenário em que as mídias sociais são relevantes para todos os níveis de uma organização. Na comparação com outros

> "Se as áreas de atendimento, vendas e logística não estiverem preparadas para atender as mídias sociais, não será possível usá-las de forma estratégica, de modo a impactar os negócios de fato. As empresas já aprenderam isso para outros fundamentos e princípios de comunicação"
>
> **Marcelo Lemmi**
> Head of Business Intelligence da Agência Riot

> "As diferentes áreas que vão se beneficiar das mídias sociais, principalmente do monitoramento, precisam entender o trabalho e as metodologias envolvidas"
>
> **Luana Baio**
> Coordenadora de Buzz Intelligence da dp6

> "A mesma evolução que abalou a indústria fonográfica e depois os jornais irá, inevitavelmente, acontecer no âmbito das empresas. É uma revolução porque gera uma mudança da organização como um todo. Do modelo de negócios à gestão de pessoas"
>
> **Wagner Fontoura**
> CEO da Coworkers Redes Sociais

campos de conhecimento que exercem papéis relevantes nas empresas, fica claro que o tratamento dado às mídias sociais precisa dar um salto.

Um dos fatores que contribui para isso é a pouca troca de experiência prática entre os profissionais do mercado. Os erros são cometidos em empresas e agências como se ninguém tivesse passado por experiências semelhantes antes. Algo natural até que esse conhecimento seja absorvido de uma forma mais profunda por universidades, editoras e meios de comunicação.

Foi dessa constatação que o Scup Minds, a divisão de conhecimento em mídias sociais do Scup (plataforma de monitoramento e gestão de mídias sociais), desenvolveu a metodologia SMC (Social Media Cycle) — apresentada neste livro. Ela foi construída a partir das experiências de diversos profissionais, que compartilharam por meio de entrevistas as melhores práticas que conhecem para o trabalho com mídias sociais. A expectativa é que o estudo específico em mídias sociais, monitoramento e métricas, apresentado neste livro, traga contribuições para o mercado — e ajude a dar o grande salto que ele precisa.

Mídias sociais nos negócios: mais que uma moda, uma necessidade estratégica

O conceito de *social business* (negócios adaptados para mercados plugados por meio das mídias sociais) precisa estar na agenda das empresas. Isso não quer dizer que elas devem mergulhar de cabeça no mundo das mídias sociais, mas sim buscar se capacitar e desenvolver competências para decidir da melhor maneira como incluir seus fundamentos no dia a dia da organização.

É comum comparar as mídias sociais com tendências, modinhas e práticas corporativas que não foram implantadas com profundidade nas empresas, como o CRM (Gestão de relacionamento com o cliente), que ficou mais atrelado a ferramentas do que a uma cultura organizacional propriamente dita. Mas as mídias sociais possuem um aspecto diferente: elas acontecem de fora para dentro. Em outras palavras, as mídias sociais são uma transformação no modo como a sociedade interage entre si (pessoas, comunidades e instituições), o que provoca uma mudança no contexto em que a empresa está inserida. Se ela não se atualizar, poderá estar fadada ao fracasso. Em alguns setores, isso já é nítido, como a imprensa e a indústria fonográfica. As gravadoras, por exemplo, tiveram de mudar seu modelo de negócios e distribuição por causa do novo padrão de consumo de música imposto pelas pessoas.

Do estagiário ao CEO: uma compreensão de como funciona o mundo em rede

Para uma empresa aproveitar as mudanças que acontecem no contexto social em que está inserida, é fundamental que ela aprenda. Alguns teóricos reconhecidos no mundo da administração, como Peter Sengei[1], defendem que o sucesso ou fracasso de uma empresa está na sua capacidade de aprender. Esse aprendizado é algo mais profundo do que a posse de uma tecnologia ou competência específica. Toda a empresa precisa ter os conceitos arraigados em sua cultura para que exista sinergia.

Um dos casos mais famosos e ilustrativos de uma empresa que não conseguiu aproveitar as mudanças tecnológicas – e aprender com elas – foi vivenciado pela Xerox. A empresa inventou o PC, mas não soube como comercializá-lo, lucrar com o enorme mercado e gerar valor para a sociedade com essa inovação. No filme *Piratas do Vale do Silício* (1999), há uma cena em que os desenvolvedores do primeiro PC são obrigados pela alta diretoria da Xerox (que não conseguia perceber no equipamento um produto revolucionário) a mostrá-lo para Steve Jobs, o fundador da Apple. Jobs então se aproveitou da invenção e conseguiu capitalizá-la.

Esse é um exemplo nítido de uma empresa que assimilou uma técnica, uma tecnologia, mas a restringiu a algumas pessoas (os pesquisadores técnicos de um departamento específico). Alguns profissionais aprenderam com isso, talvez até uma área inteira, mas não houve um aprendizado organizacional. Como a história mostrou, isso saiu muito caro para a empresa.

O exemplo da Xerox mostra que os verdadeiros movimentos estratégicos acontecem quando todos têm os mesmos "referenciais conceituais" (diferentes de conhecimentos técnicos, que apenas especialistas precisam ter) que geram alinhamento, em vez de apenas "protocolos e procedimentos". Certa vez, disse o consultor em estratégia Ricardo Amoroso numa conversa: "A estratégia de uma empresa só acontece quando há uma qualidade de diálogo e uma baixa assimetria no nível de informação. É então que se tem pouco ruído e bastante sinergia". Assim, em uma empresa, é fundamental que haja procedimentos e processos, mas eles devem ser suportados por um alinhamento do que é importante para a organização, como seu posicionamento e as mudanças do ambiente em que ela se insere.

FIGURA I.1

Evolução das mídias sociais: de departamento a competência das pessoas e do negócio

SMC Reference Number*: 1

*Esse número serve como um índice dos diagramas da metodologia SMC

Percebendo a importância da competência de mídias sociais dentro de uma organização, tende-se a concentrá-la em um departamento isolado (que, normalmente, é o de Marketing). Além disso, o restante da empresa se envolve com mídias sociais por meio de procedimentos e requisições. Isso quer dizer que, quando outro departamento, como o de Recursos Humanos, por exemplo, quer fazer uma divulgação de um programa de trainee nas mídias sociais, aproveita os perfis da empresa já existentes porque há um procedimento a ser seguido.

Tal formato acontece porque é mais fácil instituir regras do que difundir uma cultura em que todos estão alinhados e possuem um entendimento do propósito de uma ação ser feita ou não nas mídias sociais da organização.

O profissional do século XXI e a competência de mídias sociais

Recentemente, uma empresa de salgadinhos enfrentou uma enorme crise nas mídias sociais. Depois de uma criança ter sofrido intoxicação alimentar por causa do alimento, um grupo de mães criou um blog para protestar contra a marca. Em poucas horas, mais de dois milhões de pessoas haviam comentado o caso. Além da área de marketing da empresa, o departamento jurídico entrou em ação. Em casos como esse, cabe ao advogado Roberto coordenar os esforços da equipe de defesa da organização.

A rotina de Roberto é assim: todo dia, ele analisa relatórios emitidos por uma agência renomada que monitora as conversas sobre a empresa nas mídias sociais. Com essas informações em mãos, Roberto verifica quais casos podem trazer problemas jurídicos para a organização. Nos últimos meses, porém, ele começou a ficar insatisfeito com o trabalho da agência. Começaram a chegar diversos processos de reclamações que tiveram origem nas mídias sociais. Muitos dos casos não haviam sido relatados pela agência.

Roberto decidiu convocar uma reunião com Caio, diretor de Marketing da organização. Foi quando perguntou:

– Caio, será que não deveríamos trocar de agência? Estou bem insatisfeito com o trabalho.

– O que está acontecendo? Para mim, a agência tem entregado bons resultados.

– Eles não estão disparando alertas como deveriam fazer. Muitos casos importantes não estão chegando até nós.

– Mas você conseguiu ajudá-los a construir os critérios de classificação dos dados do monitoramento, Ricardo? Só assim eles poderão passar as informações de que você precisa.

– Não consegui ajudá-los. Além de parecer algo complicado, estava sem tempo para fazer isso. Você quer que eu saiba como fazer um plano para analisar mensagens do Twitter?

– Não, de forma alguma. Mas entender o conceito, num nível macro de gestão e negócios, é fundamental para você conseguir solicitar e entender as in-

formações geradas. Eu também passei por isso no começo. Depois percebi como é importante saber o processo para poder participar e orientar os analistas do projeto. Se você quiser, posso te sugerir um curso ou um livro!

A situação descrita revela por que todo profissional precisa ter a competência em mídias sociais. No final da década de 90, saber usar a Internet se tornou um requisito básico para qualquer colaborador de uma empresa. Agora, no século XXI, conhecer mídias sociais passou a ser imprescindível. Enquanto nova forma de comunicação e interação, as mídias sociais causam um grande impacto nos *stakeholders* da empresa (clientes, colaboradores, acionistas, consumidores e etc.).

Quando a Internet se proliferou no mundo corporativo, três competências profissionais surgiram: 1) O conhecimento do impacto da Internet nos negócios e na sociedade (para os homens de negócios); 2) A capacidade de implantar projetos com o uso da Internet (para os profissionais em geral); e 3) O entendimento técnico da Internet, ou seja, a habilidade de colocar a mão na massa (para os especialistas em tecnologia). O mesmo vem acontecendo com as mídias sociais, com níveis de profundidade semelhantes. Antes restrita à categoria de determinados profissionais, a competência de mídias sociais se tornou necessária para outros membros de uma organização.

Dependendo do uso das mídias sociais, diferentes competências são exigidas, como bom texto, criatividade, planejamento, visão analítica, relacionamento e etc. Mas há uma competência que é a mais importante – e imprescindível a todas essas: a competências de usar monitoramento e métricas. Essa competência compreende a capacidade de "ouvir e entender" o que está acontecendo nas mídias sociais em relação à área de atuação do profissional.

É possível definir três níveis de uso dessa competência:

Business

- profissionais que precisam entender o impacto das mídias sociais nos negócios e no comportamento das pessoas (consumidores, colaboradores etc.), como um diretor comercial ou um analista jurídico;
- como possuem uma visão de negócios sobre as mídias sociais, podem aproveitar o trabalho do monitoramento de mídias sociais para atingir os objetivos de sua área da melhor maneira possível; e
- são responsáveis por entender as informações geradas por essa atividade e apoiar estrategicamente e financeiramente o projeto de mídias sociais.

Professional

- profissionais que executam o trabalho e colocam em prática o que foi planejado, como um analista de RH ou de atendimento ao cliente;
- possuem uma visão técnica de sua área, como também do trabalho de mídias sociais a ser feito. Por isso, fazem a integração entre os dois processos; e
- são responsáveis por atrelar o dia a dia de sua área com o projeto de mídias sociais e vice-versa, ou seja, faz o link dos projetos e atividades da área que são ou podem ser suportados pelas mídias sociais.

Specialist

- profissionais capazes de elaborar estratégias, propor modelos e estruturar todo um projeto de monitoramento de mídias sociais, por exemplo. Enquadram-se aqui analistas de métricas ou gestores de mídias sociais;
- ocupam uma posição chave na realização do monitoramento. Isso porque cabe a eles orientar como e quem executará o trabalho, assim como entender o processo e as informações geradas; e
- são responsáveis pela qualidade da configuração e das melhorias do trabalho com mídias sociais, como também pelas análises mais avançadas.

FIGURA I.2

A influência das mídias sociais na competência profissional

	Business *contribui e é contribuído*	**Professional** *implanta e executa*	**Specialist** *gera modelos e estrutura*
conhecimentos	• impacto das mídias sociais nos negócios • aplicações que geram resultados • importância dos processos de mídias sociais	• gerenciar no nível tático • melhorias pontuais	• desenvolvimento de um projeto de monitoramento e métricas • gerenciamento de todo projeto
exemplos	CEO, Diretor Comercial, Analista Jurídico	Analista de Marketing, de Mídias Sociais, de Atendimento...	Analista de Monitoramento, Gestor de Mídias Sociais...
competências cumulativas	visão de negócios de mídias sociais	usar mídias sociais como recurso do trabalho	criar e gerir trabalhos em mídias sociais

SMC Reference Number: 2

As áreas de um negócio e a competência de mídias sociais

Depois de conhecer os níveis de uso da competência de mídias sociais pelos profissionais, é preciso saber em que situações ela é exigida:

Monitoramento e diagnóstico: é a parte passiva das mídias sociais, quando se "ouve" o que as pessoas dizem. Todas as áreas da empresa podem usar o monitoramento e diagnóstico para tomar decisões;

SAC 2.0 e relacionamento: é a parte interativa das mídias sociais, quando se "ouve" e se "fala". As atividades de interação são usadas para formar uma comunidade ou para atender reclamações; e

Campanhas e ativação: é a parte "ativa" das mídias sociais, quando se "fala". As pessoas são procuradas e estimuladas a participar e divulgar algo (normalmente, vinculado a campanhas publicitárias ou a lançamentos de produtos).

FIGURA I.3
Algumas aplicações de monitoramento e métricas em negócios

	Monitoramento e diagnóstico	SAC 2.0 e relacionamento	Campanhas e ativação para
RH	percepção quanto a empresa e comportamento dos colaboradores	interessados em trabalhar na empresa	recrutamento
Logística/compras	qualidade de entrega e serviço	fornecedores	–
TI	disponibilidade e qualidade dos sites e sistemas	–	–
Marketing	público-alvo, dos motivos e processos de compra	público-alvo	direcionar/melhorar campanhas de divulgação
Financeiro	futuras receitas e despesas	–	–
Jurídico	passivos jurídicos e impacto de esclarecimentos em geral	–	fazer esclarecimentos nas mídias sociais
Atendimento	qualidade do processo de atendimento e demandas do consumidor	clientes	–
Produtos	produtos e *features* relevantes	comunidade	–

SMC Reference Number: 3

    A competência de mídias sociais engloba o conhecimento em monitoramento e métricas. Por isso, para cada uma dessas três situações, ele é essencial. Não dá, por exemplo, para fazer SAC 2.0 e Relacionamento sem monitorar o que as pessoas falam nas mídias sociais e, muito menos, sem medir as razões das interações. A mensuração é determinante para a empresa saber onde e como deve fazer novos investimentos.

Mídias sociais: da tentativa e erro a um modelo estruturado e consolidado

Apesar das limitações, as mídias sociais fazem parte da realidade das empresas. O grande problema é que há vários casos de organizações e profissionais atuando nas mídias sociais segundo o modelo de tentativa e erro. Não só porque elas estão inseridas num novo campo de conhecimento, mas também por gerarem a sensação de que são simples. "Afinal de contas", dizem alguns gestores, "até uma criança de 7 anos sabe criar uma página em uma mídia social". A realidade é que existe uma imensa diferença entre colher, postar informações e interagir nos canais sociais de maneira estruturada, de modo a obter bons resultados para o negócio do ponto de vista estratégico, a fazer isso de maneira improvisada.

> "Quando você não tem o processo estruturado, pode obter informações erradas, o foco não fica em obter resultado, mas só justificar. A falta de uma estruturação e documentação é uma característica do mercado. Isso gera uma postura de gerar ideias e não resultados"
>
> **Fernando Migrone**
> Especialista de Mídia e Marketing Digital na América Latina

Felizmente, esse cenário está mudando e algumas marcas têm aprendido a usar as mídias sociais de forma eficiente. Mas para que isso se espalhe por todo o mercado é preciso tratar as mídias sociais sob um olhar mais técnico e focado, por meio de uma metodologia estruturada que ensine como monitorar, interagir e publicar.

O caminho está nos capítulos deste livro. Ele está dividido em duas partes. A primeira é focada em gestão e negócios, útil para o profissional de qualquer área e posição. A segunda é focada em aspectos práticos e voltada para quem trabalhará diretamente com mídias sociais, desenvolvendo e tirando do papel estratégias.

Como ler este livro

Este livro foi dividido em duas partes. A primeira traz a visão de negócios e estratégica do trabalho em mídias sociais. É voltada para profissionais de todas as áreas que precisam saber do impacto das mídias sociais na prática dos negócios.

NOTAS

1   *A Quinta Disciplina* (2000) - Peter Senge

CAPÍTULO 1
COMO SUPERAR A VISÃO "BROADCAST" PARA SE APROXIMAR DOS CLIENTES NAS MÍDIAS SOCIAIS

CAPÍTULO 1
COMO SUPERAR A VISÃO "BROADCAST" PARA SE APROXIMAR DOS CLIENTES NAS MÍDIAS SOCIAIS

Em uma manhã de segunda-feira, Marcos*, diretor de marketing de uma empresa do setor alimentício, subiu ao palco do auditório principal da sede da organização para fazer um anúncio. O primeiro slide da apresentação adiantava parte do conteúdo de sua fala. Marcos estava ali para comunicar as próximas ações do marketing e as novas diretrizes para a área. "Todos nós temos acompanhado as mudanças que as mídias sociais têm causado no mundo. Empresas, com baixíssimo investimento em mídia, têm conseguido uma enorme exposição entre os clientes; artistas, sem o suporte de uma grande gravadora, têm explodido nas paradas de sucesso; as populações de alguns países têm promovido revoluções com a ajuda de uma Internet que agora permite a qualquer um se tornar um webmaster ou dono de seu próprio portal..."

Todos que estavam no auditório balançaram a cabeça de cima para baixo, conscientes de que era impossível negar o que Marcos falava. Ele continuou:

"Nós sabemos que uma empresa existe em função do cliente. Sabemos que, quanto mais próximos estivermos dele, maior será nosso sucesso. Dez anos atrás, fizemos um esforço enorme para nos aproximar de nossos clientes: contratamos diversas pesquisas de mercado e fizemos várias campanhas em revistas e redes de televisão. Apesar dessas ações, não conseguimos entender tão bem nosso cliente e nem transmitir nossa mensagem tão bem quanto gostaríamos. Mas agora isso é possível! Nas mídias sociais, podemos tanto ouvir o nosso público diretamente, como falar com ele sem intermediários, de uma forma muito mais profunda. E faremos isso por dois motivos. Porque sempre quisemos fazer e porque somos

---

* Nome fictício.

obrigados a fazer. Nossos clientes esperam isso da gente — e os concorrentes também estão atentos", concluiu em meio a aplausos empolgados da plateia.

Alguns meses depois da apresentação, as primeiras ações da área de marketing começaram. Mais uma vez, Marcos convocou uma apresentação, onde, com euforia, anunciou: "Pronto! Criamos nossos perfis nas mídias sociais. Agora estamos conectados com nossos clientes!". A empresa começou a receber diversos feedbacks interessantes. Além disso, com a colaboração do público, produziu uma série de vídeos e textos explicativos sobre os produtos que se tornaram virais. Embora estivesse no início, o projeto já se mostrava bastante promissor.

A sensação de que as coisas estavam no caminho certo, porém, durou muito pouco. Os concorrentes da empresa também entraram nas mídias sociais e conseguiram mais seguidores e comentários. Comentários que tinham uma relação quase nula com os produtos e serviços em si, mas que em números comparativos começavam a preocupar.

A partir daí, a equipe de Marcos passou a focar em estratégias que visavam ao aumento da base de seguidores dos perfis da empresa nas mídias sociais. Os resultados não demoraram a aparecer.

Um ano depois, durante a elaboração dos slides de sua apresentação para o encontro anual da empresa, Marcos decidiu rever o que fez no ano anterior. Naquele momento, ele percebeu que seu grande propósito nas mídias sociais havia sido engolido pelo dia a dia corporativo. A grande promessa de mudar os negócios foi por água abaixo! Ele concluiu que "ter perfis" nas mídias sociais é diferente de "estar" nelas. Marcos se viu diante do verdadeiro grande desafio das empresas no mundo digital.

A situação dessa história costuma se repetir nas empresas, seja na área de marketing ou não. Isso porque nós, seres humanos, tendemos a usar as novas tecnologias segundo um modelo mental anterior a elas. O fato é que as mídias sociais extrapolam a ideia de que são simplesmente mais uma mídia. Elas são um modelo de fazer negócios, que ajudam a entender os motivos que fazem uma pessoa comprar um produto ou deixar de comprar um produto.

Nesse sentido, talvez no futuro, poderemos considerar um divisor de águas um estudo da famosa consultoria McKinsey, publicado na revista de negócios de Harvard, em dezembro de 2010. Intitulado "Você está gastando o seu dinheiro (de markerting) nos lugares errados"[1], o estudo aponta que de 70% a 90% dos gastos de marketing vão para publicidade ou promoções no varejo, enquanto que a decisão de compra do consumidor é influenciada por recomendações feitas nas mídias sociais. Isso mostra que é a proximidade real da marca com seu público, o grande ideal vendido pelos precursores das mídias sociais, como veremos a seguir.

O potencial das mídias sociais

Em 1999, circulou um manifesto que abordava a importância da participação das pessoas nos negócios. Bem antes do surgimento de comunidades virtuais, como as que conhecemos hoje, e das revoluções causadas por elas, os autores do *Cluetrain Manifesto*[2] já haviam percebido a força da Internet! Em linhas gerais, o manifesto defendia a seguinte ideia: "Mercados em rede estão começando a se auto-organizar mais rápido que as empresas que os tem tradicionalmente servido. Graças à web, mercados estão se tornando melhor informados, mais inteligentes e demandando qualidades perdidas na maioria das organizações".

Na época, a ideia de "mercados em rede" não parecia tão clara para as empresas. A partir de 2005, isso começou a mudar. Com o surgimento de blogs criados por clientes insatisfeitos por causa das falhas de algumas empresas, ao mesmo tempo em que nasciam comunidades para defender marcas e produtos, ficou evidente que as organizações estavam diante de um novo paradigma. A visão do *Cluetrain Manifesto* se tornou realidade: a internet se popularizou, deixou de ser um simples repositório de informações e se tornou um espaço para a produção de conteúdos e interação.

A publicação do livro *Groundswell*[3] (*Fenômenos sociais nos negócios*, na tradução em português), de Charlene Li e Josh Bernoff, veio para reforçar essa mudança de paradigma. Além de abordar o conceito de mídias sociais, o livro tem o mérito de apresentar experiências interessantes de marcas nas redes tanto para o grande público quanto para os tomadores de decisão nas empresas. A tese de Li e Bernoff é que o *groundswell* é um fenômeno social em que a tecnologia permite que as pessoas se comuniquem, se informem e façam negócios entre si, em vez de depender das corporações como intermediárias. Segundo o livro, o *groundswell* mudou o esquema de poder. "Os negócios e outras instituições são concebidos a partir do controle, e o *groundswell* enfraquece e ameaça o controle (...) A loja, o veículo de mídia, o governo ou o banco que costumavam exercer esse papel se verão em uma posição muito menos relevante."[4]

> "As mídias sociais representam uma potencial revolução. Ninguém mais aceita a publicidade de 40 anos atrás. Hoje, a comunicação precisa ser mais sutil, contextualizada e interativa. Não são as ferramentas em si que estão fazendo a revolução, mas as pessoas. Até na televisão podemos ver isso com os reality shows e a inserção de merchandising"
>
> **Eric Messa**
> Professor do curso de Comunicação e Marketing da FAAP/SP

Tanto o manifesto quanto o livro trazem, portanto, a visão de que as mídias sociais, muito mais que sites interativos, representam uma nova forma como as pessoas se organizam. Nas mídias sociais, o poder deixa de estar em alguma igreja, na política ou nas empresas. O poder passa a estar na multidão, na coletividade! E essa é a grande revolução!

O cenário construído e retratado pelo *Cluetrain Manifesto* e pelo livro *Groundswell* é um dos principais motivadores da empolgação com o uso das mídias sociais pelas empresas. Se pudéssemos resumir essa visão em uma frase, poderíamos dizer: "transferência de poder". Um poder que deixou de ser centralizado (pelos donos dos meios de comunicação, como jornais e redes de televisão) e passou a ser distribuído. Tal mudança, que representa maior transparência por parte da população em geral, pode parecer uma ameaça para as empresas à primeira vista. Mas, na realidade, é uma oportunidade única para que as organizações se aproximarem de seu público. As mídias sociais geram uma conseqüência extremamente impactante: deixam o "mundo mais aberto", como disse Eduardo Saverin, um dos fundadores do Facebook, na época da entrada da empresa na bolsa de valores. "Para mim, o IPO (Oferta pública de ações, na sigla em inglês) do Facebook é mais um passo na evolução da empresa, e não o objetivo final, que é deixar o mundo mais aberto e conectado"[5].

É quase impossível ir a um evento de mídias sociais ou ler algum artigo sobre o tema sem que pelo menos um pouco dessa visão utópica não esteja presente. Na prática, porém, a realidade é um pouco diferente, como veremos a seguir.

> "Mídia social gera informação para a tomada de decisão, pode aumentar a sintonia da empresa com o cliente. E isso não tem nada de inovador, sempre foi feito. Inovador seria o gerente ir para o dia a dia de seus clientes, mas normalmente quem está comprando esse serviço não usa dessa maneira apenas como relatório"
>
> **Luis Algarra**
> Designer de fluxos de conversação com foco em inteligência colaborativa

A realidade do uso de mídias sociais pelas empresas

É quase impossível não encontrar uma empresa atuando nas mídias sociais ou que não as tenha em seu radar. A realidade é que, apesar da expectativa de fazer negócios de uma forma diferente no mundo digital, o dia a dia leva as empresa a usar as mídias sociais como uma mera ferramenta, em vez de aproveitar o seu potencial de gerar conversações profundas.

Esse efeito é intrínseco ao ser humano. O teórico da comunicação Marshall McLuhan dizia que o homem vê o futuro pelo retrovisor, ou seja, sempre tenta aplicar os antigos modelos nas novas ferramentas. Um exemplo disso ocorreu durante o surgimento dos primeiros carros. Criados para substituir os cavalos, os primeiros veículos vinham equipados com porta-chicotes! Mais recentemente, uma situação semelhante ocorreu com o lançamento de edições de revistas e jornais para o iPad, o tablet da Apple. **Em vez de se reinventar na nova plataforma, as empresas** de comunicação promoveram a simples migração de conteúdos. Tudo que já faziam no meio analógico passaram a reproduzir no meio digital. Basicamente, aumentaram as equipes de designers e investiram em tecnologias de publicação. O resultado foram PDFs "turbinados" com galerias de fotos, infografias animadas e vídeos.

Ao analisar esse fenômeno nas mídias sociais, Fabio Cipriani, autor do livro *Estratégia em mídias sociais*, diz que enfrentamos um paradoxo, onde "as empresas veem nas mídias sociais meramente uma mídia, e não uma plataforma de relacionamentos, diálogo, conversação com o mercado"[6]. Segundo Cipriani, além de adotar perfis nas mídias sociais, as empresas precisam adotar novas formas de fazer negócio. Ele cita Thomas Friedmann, autor de *O mundo é plano*, para lembrar que "os maiores ganhos em produtividade acontecem quando uma nova tecnologia é combinada com novas formas de fazer negócios".

Muitas vezes, apesar de seu potencial, as mídias sociais são encaradas como um local para a exposição de marcas semelhante a um outdoor, comercial de televisão ou banner de um portal. Segundo essa lógica, o que importa é o número de seguidores e visualizações de conteúdos de perfis. Assim, as mídias sociais acabam se tornando mais um canal para as empresas, mais uma mídia. A verdade é que, como bem definiu a pesquisadora Katie Delahaye, as "mídias sociais não são sobre mídias, mas sim sobre a comunidade na qual você faz negócios".

Em seu livro, Fábio Cipriani conseguiu deixar essa posição bem clara quando escreveu que entre a utilização de ferramentas que aprimoram o relacionamento e o mercado e o proveito que elas podem trazer existe um enorme desafio: transformar as empresas em entidades mais humanas. Diz Cipriani: "Uma empresa social não é aquela que simplesmente adota ferramentas da Web 2.0, mas aquela que coloca funcionários e líderes em contato com o mercado face a face, com criatividade, autonomia e transparência."[7] Em outras palavras, a verdadeira mudança não se refere à tecnologia usada pela empresa (telefone, televisão ou Facebook), mas sim a quem está no centro da comunicação: a marca ou o consumidor.

FIGURA 1.1
Perspectivas das empresas diante das mídias sociais

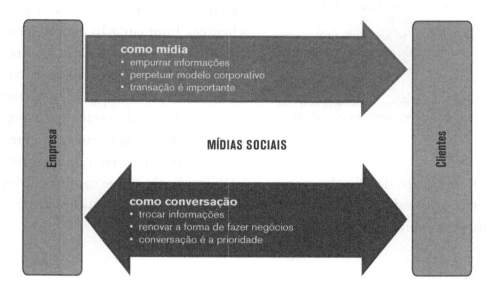

SMC Reference Number: 4

Em um artigo publicado na Harvard Business Review, chamado "Por que o modelo de Porter não funciona mais", Nilofer Merchant fala que "atualmente, nós vemos marcas pedindo para os consumidores 'curtirem' elas no Facebook como um jeito de ter permissão para empurrar informações neles. Imagine como fica essa dinâmica quando é usado o poder de puxar. Pergunte a si mesmo, como seria se os clientes fossem colocados no centro?"[8].

Esse comportamento das organizações não deve ser visto como algo negativo, mas como um processo natural. Apesar de a economia girar em torno das empresas de serviços, a organização de nossa sociedade está baseada no modelo industrial. Há mais de dois séculos aprendemos a operar e interagir por meio do "comando e controle" em estruturas hierarquizadas, e não vai ser de uma hora para outra que isso mudará.

> "Nós estamos mergulhados no caldo de comando-e-contorle na família, namoro e etc... e as mídias sociais vem se tornando uma ferramenta de comando e controle"
>
> **Luis Algarra**
> Designer de fluxos de conversação com foco em inteligência colaborativa

O fato é que dificilmente há uma empresa que não queira se engajar em conversações com seus clientes. Também não há um profissional que não gostaria de trabalhar em uma empresa que se comunica em mão-dupla e de forma aberta, em vez de estabelecer uma relação transacional, em que a empresa empurra ideias e mensagens. O verdadeiro desafio das empresas é saber percorrer esse caminho. Elas precisam se desprender do modelo tradicional e cristalizado de trabalho para aumentar seu nível de maturidade social.

Notas

1 *Branding in the Digital Age: You're Spending Your Money in All the Wrong Places* - David C. Edelman - Harvard Business Review - December 2010 - http://hbr.org/2010/12/branding-in-the-digital-age-youre-spending-your-money-in-all-the-wrong-places/ar/1
2 *The Cluetrain Manifesto* - Levine, Locke, Searls & Weinberger - http://www.cluetrain.com/
3 *Fenômenos Sociais nos Negócios (Groundswell)* - 2008 - Charlene Li e Josh Bernoff
4 *Fenômenos Sociais nos Negócios (Groundswell)* - 2008 - Charlene Li e Josh Bernoff - pg 14 e 17
5 *Revista Veja* - 08/02/2012 - "100 bilhões de dólares curtiu?"
6 *Estratégia em Mídias Sociais* (2011) - Editora Elsevier - Fabio Cipriani - pg 20
7 *Estratégia em Mídias Sociais* (2011) - Editora Elsevier - Fabio Cipriani - pg 22
8 *Why Porter's Model No Longer Works* - Harvard Business Review Blog Network - Nilofer Merchant - 29/02/2012 - http://blogs.hbr.org/cs/2012/02/why_porters_model_no_longer_wo.html

CAPÍTULO 2
NÍVEIS DE MATURIDADE EM MÍDIAS SOCIAIS: O CAMINHO PARA A EVOLUÇÃO DA EMPRESA

Fazia um ano que Rodrigo, gerente de marketing de uma grande fabricante de veículos, tentara provar para a diretoria da empresa que as mídias sociais poderiam gerar vendas numa escala igual ou superior aos anúncios em rádio e televisão. A falta de dados e preparo fizeram Rodrigo fracassar. Mas este ano seria diferente. Depois de estudar com afinco o impacto positivo que as mídias sociais poderiam trazer para a marca, ele estava empolgado com a nova apresentação que faria numa tarde nublada de segunda-feira.

Durante sua fala, Rodrigo foi questionado por um dos diretores da organização se os resultados gerados pela televisão poderiam ser repetidos com as mídias sociais. "Quando colocamos uma campanha na televisão as vendas crescem pelo menos 20%. Você acha que conseguiremos o mesmo nas mídias sociais?", disse o executivo. Rodrigo expôs diversos argumentos para provar que ele conseguiria promover ações que teriam impacto nas vendas da empresa. Em menos de uma hora, a diretoria estava convencida de que as mídias sociais trariam resultados e, para a alegria de Rodrigo, aprovou o orçamento para a área.

O trabalho realizado por Rodrigo foi bem-sucedido e atingiu dezenas de milhares de pessoas nas mídias sociais. Por causa disso, uma empresa do setor de telefonia celular, que já investia intensamente em mídias sociais e procurava alguém com o perfil de Rodrigo para liderar o departamento de marketing, fez uma oferta para contratá-lo. O desafio era enorme. Rodrigo aceitou o convite e começou o novo desafio.

Não demorou muito e Rodrigo convocou a diretoria para defender a ampliação da atuação da marca nas mídias sociais. Assim como fizera na empresa de veículos, ele provou durante sua fala que os investimentos em mídias sociais poderiam trazer impactos bastante positivos para as vendas. Foi quando um dos diretores disse: "Rodrigo, parabéns pelo seu trabalho de planejamento. Mas este ano não conseguiremos investir como você propôs nas mídias sociais. Os anúncios em televisão têm dado muito resultado para a gente em vendas e não vamos conseguir ampliar ainda mais a verba de campanhas em mídias sociais".

Rodrigo não conseguiu disfarçar a decepção. A maior surpresa viria a seguir. O mesmo diretor pediu a palavra novamente e disse: "Na semana que vem, esperamos receber um planejamento mostrando como vamos nos estruturar para atender todas as áreas da empresa com as mídias sociais. Vemos que o seu trabalho deve apoiar toda a organização, mas, principalmente, as áreas de Infraestrutura, Produto e Atendimento. Gostaria que você fizesse esse planejamento em conjunto com o líder de cada área, um trabalho a quatro mãos".

Essa história mostra empresas com dois níveis de maturidade bem diferentes em relação às mídias sociais. A primeira entende a mídia social como mídia *broadcast*, ou seja, um canal que emite mensagens com o objetivo de gerar vendas imediatas. A segunda empresa possui uma compreensão mais madura e profunda das mídias sociais. Ela vê esses canais como espaços de relacionamento que podem ser usados ou não para a geração de vendas imediatas. Tudo depende da estratégia e do contexto.

Mídias sociais como mídia, interação ou comunidade

Desde o início da Internet, muita gente tem discutido o futuro da televisão. "Ela acabará ou não?", perguntam os estudiosos. A verdade é que essa discussão tem um erro fundamental. Quando o assunto é abordado, sobre o futuro de qual segmento da televisão discute-se? O autor Clay Shirky demonstra que a televisão pode ser entendida de três maneiras distintas: como indústria (CNN, HBO e etc.), conteúdo (Universal Pictures) ou aparelhos (televisor)[1]. Sem o conhecimento dessa diferença, o debate sobre o futuro da televisão dificilmente avança.

O mesmo vale para as mídias sociais. Elas também podem ser entendidas a partir de perspectivas distintas — e o conhecimento dessas diferenças é fundamental para qualquer tipo de análise. Em linhas gerais, há três maneiras de olhar para as mídias sociais: como *plataforma de publicação* e interação, espaço de *relacionamento* ou rede de *mobilização*. Nenhuma delas está certa ou errada. Todas são perspectivas reais que possibilitam resultados e refletem o nível de maturidade das empresas nas mídias sociais, ou seja, a forma como decidem usá-las.

FIGURA 2.1
Três abordagens de mídias sociais

SMC Reference Number: 5

Mídia social como plataforma de publicação e interação

Um empresa que usa as mídias sociais sob essa perspectiva pode ser enquadrada no 1º nível de maturidade. Tal uso pode ser caracterizado pelos seguintes pontos:

- A empresa aproveita o baixo custo para publicar e interagir nas mídias sociais;
- Divulga o mesmo conteúdo que é veiculado em propagandas e *releases* de imprensa;
- As interações são padronizadas e seguem *scripts* de atendimento; e
- Os canais são usados para "provocar" o conteúdo. Exemplo: "Assistiram ao nosso último comercial? O que acharam?"

A grande vantagem de usar as mídias como plataforma de publicação e interação é a criação de uma comunidade cativa em torno da marca. Em vez de "buscar" os clientes, é possível acessá-los a um custo baixo, já que eles acabam se organizando em torno dos perfis da empresa. O grande problema desse tipo de uso é que a empresa não se prepara para as mudanças que acontecem no mercado e na sociedade. Na prática, as mídias sociais se tornam um canal a mais para a empresa se relacionar com o público.

Diante dessas possibilidades de uso das mídias sociais, podem existir diversos níveis de maturidade com que uma empresa atua. Basta dar uma olhada como algumas empresas usam as mídias sociais para ver que a atuação de cada marca é bem diferente. Há vários modelos de níveis de maturidade criados por diversos estudiosos de mídias sociais e todos são, em certa medida, muito pareci-

> "O que veremos cada vez mais é o uso midiático das mídias sociais [usar os meios para entrar em contato com uma pessoa] e cada vez menos o uso relacional e social"
>
> **Luiz Algarra**
> Designer de fluxos de conversação com foco em inteligência colaborativa

dos. A Altimeter, empresa americana especializada em pesquisas sobre mídias sociais, liderada por Charlene Li, criou um modelo de três níveis. No primeiro, a empresa está experimentando as mídias sociais. No terceiro e último, as mídias sociais já estão espalhadas por toda a empresa[2]. A Cisco, fabricante de equipamentos de Tecnologia da Informação, que desenvolve soluções colaborativas, também criou um modelo de maturidade. No modelo da Cisco, há cinco níveis. No primeiro, a empresa apenas ouve o que está acontecendo nas mídias sociais, no último faz atendimento e interações de forma pró-ativa[3].

> "Hoje há uma supervalorização dos espaços, dos canais em si. Estamos na fase de mídia social como mídia de massa, seis por meia dúzia. Pensa-se em pontos e não na densidade dos pontos"
>
> **Eric Messa**
> Professor do curso de Comunicação e Marketing da FAAP/SP

O nível de maturidade em mídias sociais SMC1

Uma das maiores ironias do mundo das mídias sociais é que o modelo mais praticado pelas empresas quase não é divulgado. Em uma apresentação de cases, ninguém conta que pagou um blogueiro para falar bem da empresa, que fez uma promoção sorteando algum aparelho eletrônico da moda ou que seu atendimento nas mídias sociais é idêntico ao realizado pela turma do call center. Percebe-se que existe certa vergonha e preconceito — injusto — com esse tipo de abordagem. A verdade é que, tirando alguns casos específicos de falta de transparência, as ações que organizações preferem esconder podem trazer resultados interessantes. Tudo depende dos objetivos da empresa.

Ao olhar para as mídias sociais como se elas fossem uma mídia tradicional, porém, as organizações se

> "Hoje em dia, há uma espécie de neurose da inovação, do *me too* e de estar junto com a concorrência. Por causa disso, a inovação acaba se tornando um fim em si. Mas a inovação só importa se ajudar a melhorar o produto e se essa melhora for percebida pelo cliente"
>
> **Rene de Paula**
> Gerente de Novos Negócios da Cubo.cc

> "Uma empresa pode começar nas mídias sociais tentando atingir um público específico como os jovens, por exemplo, mas depois o foco tende a se tornar o relacionamento"
>
> **Sérgio Kuczynski**
> Proprietário do Restaurante Arábia

esquecem que esses canais são um meio para melhorar produtos e serviços – e não uma moda passageira. Estar nas mídias sociais não é uma opção, como anunciar numa revista ou num jornal. É uma necessidade básica de uma organização do século XXI.

Apesar desse risco, o nível de maturidade SMCI é o ideal para quem está começando nas mídias sociais. É raro uma empresa não começar por essa perspectiva e, com o tempo, evoluir.

- Nesse cenário inicial, a empresa vê a mídia social como mais um ponto de contato com o cliente. Há pouco espaço para o paradigma da conversação;
- Apenas um profissional se envolve com o trabalho nas mídias sociais. Às vezes, uma agência de publicidade se envolve no processo;
- A direção só tem contato com o processo nos relatórios gerados por esse profissional ou em alguma reunião periódica;
- Há uma competição midiática com a concorrência, ou seja, o que importa é a quantidade de seguidores e menções à marca nas mídias sociais – e não a qualidade de quem segue e do que está sendo mencionado; e
- Nesse contexto, uma métrica usada comumente é a quantidade de pessoas que seguem e mencionam a marca. Esse número é trabalhado puramente, sem a aplicação de critérios e filtros. Assim, o foco passa a ser as conversações sobre a campanha, o conteúdo, a mensagem em si, em vez do produto ou da proposta de valor da empresa. Imagine uma promoção de uma marca de perfume que compartilha

a seguinte mensagem: "Tweet sobre nossa marca e concorra a um par de ingressos do show da banda de rock de maior sucesso atualmente". Centenas ou milhares de pessoas publicariam em seus perfis no Twitter mensagens como: "Adorei essa campanha da marca de perfume. Vou tweetar para ir ao show, sou muito fã da banda". Note pela mecânica que a pessoa está engajada na banda e não na marca ou no produto em si.

> "É um equívoco comum as empresas acharem que devem estar em qualquer mídia social apenas porque 'precisam estar'. Ou pior: considerarem que é um canal barato para fazer publicidade do seu negócio. Mídias sociais, antes de um espaço em que é possível gerar vendas, são uma possibilidade de estabelecer relacionamentos duradouros, que é o que efetivamente faz diferença na fidelidade dos consumidores a longo prazo"
>
> **Mariela Castro**
> Diretora da consultoria
> Communication Advisors

Uma reportagem do jornal O Estado de São Paulo[4] já explorou o assunto e revelou as consequências de ações do tipo, como mostra o trecho abaixo:

"Convencer à base do brinde é a estratégia mais usada pela maioria das páginas de empresas e marcas nos sites de relacionamento, especialmente no Facebook. A meta é fisgar o maior número possível de consumidores.

Mas o número de fãs não está diretamente ligado ao sucesso da estratégia de marketing da empresa, diz o vice-presidente de criação da Wunderman Brasil Paulo Sanna. 'Há uma corrida frenética por fãs. E o que se torna obsessivo, como essa busca, não traz resultado', afirma.

Há, segundo ele, um problema de comunicação entre marcas e consumidores. 'As empresas acreditam que fãs são uma audiência cativa que será alvo de tudo o que a companhia divulgar. E acabam usando comunicação de massa para um veículo que é pessoal', completa."

O trecho da reportagem que mais chama a atenção é quanto aos números: "... menos de 1% dos fãs dessas marcas ou companhias continua acompanhando as atividades publicadas. Os 99% restantes simplesmente esquecem que clicaram em 'curtir'. A Skol é um exemplo: tinha na semana passada 2,9 milhões de fãs. Mas só 29,3 mil - ou 1,01%- seguiam engajados."

Mídia social como espaço de relacionamento

Um empresa que usa as mídias sociais sob esta perspectiva pode ser enquadrada no 2° nível de maturidade. Tal uso pode ser caracterizado pelos seguintes pontos:

- As mídias sociais não são vistas como um canal de atendimento ou para a realização de vendas. Isso pode e deve acontecer, mas não é o foco principal e sim uma conseqüência;

- O relacionamento não se configura por meio de interações em série, mas pela criação de um apelo diferenciado para a marca. Em outras palavras, isso significa as pessoas entenderem melhor a marca e a marca, por sua vez, compreender melhor o cliente, não só em termos numéricos, mas também comportamentais;

- A empresa possui um comportamento pró-ativo no mundo digital, mas reativo no mundo real, nos negócios e procedimentos. Quando ocorre uma reclamação, ela não busca resolver a deficiência em si, mas sim aquele caso pontualmente. Enquanto no 1° nível de maturidade as mídias sociais são voltadas para a publicidade, aqui a saúde pontual da marca é mais importante (claro viés de Relações Públicas); e

- Nesse nível, algumas características da mídia tradicional, como a aversão a menções negativas, são desmistificadas. Enquanto uma organização no nível SMC1 vê o grande número de falas negativas sobre ela como algo ruim, uma empresa no nível SMC2 vê esse cenário como uma oportunidade para uma conversa.

O nível de maturidade em mídias sociais SMC2

Uma empresa que atua segundo o nível de maturidade SMC2 vivencia duas situações distintas. Ela precisa compreender que as mídias sociais podem trazer tanto números e indicadores tangíveis quanto resultados que não podem ser mensurados. Disse certa vez no Twitter Tony Hsieh, criador da loja de sapatos Zappos.com, famosa por usar as mídias sociais e não fazer publicidade tradicional: "Não se pode medir o retorno de um abraço, nem por isso não vale a pena fazê-lo". Em 2009, a Zappos foi vendida para a Amazon por US$ 928 milhões[5].

Há um importante fator cultural envolvido no nível de maturidade SMC2: a diretoria executiva e os gestores precisam perceber a importância estratégica das mídias sociais. Isso acaba se refletindo em todas as áreas e camadas hierárquicas da organização e cria uma visão comum. Nos relatórios, não se avaliam apenas os resultados de curto prazo, mas os de médio prazo. Diferentemente de uma empresa no nível SMC1, preocupada com o número de tweets sobre a marca, aqui há critérios para analisar o conteúdo das mensagens. Assim, busca-se responder a diferentes questões, tais como: "As pessoas estão falando do produto ou da campanha? Essas pessoas são ativas nas mídias sociais ou apenas caçadoras de promoções na internet?". Ao sair da esfera da quantidade, tais critérios ajudam a chegar a um número mais representativo em termos de relacionamento e proximidade.

> "Nem toda marca consegue ou precisa se tornar uma marca amada, mas sim ter engajamento e relacionamento. O *social* pressupõe conversações, memória, respeito, aprendizado e frequência"
>
> **Rene de Paula**
> Gerente de Novos Negócios da Cubo.cc

Mídia social como rede de mobilização

Um empresa que usa as mídias sociais sob esta perspectiva pode ser enquadrada no 2º nível de maturidade. Tal uso pode ser caracterizado pelos seguintes pontos:

- Aqui as pessoas têm o poder da comunicação, em vez da empresa, dona da marca ou de algum grupo de mídia específico; e

- A empresa não usa os canais sociais apenas para fazer divulgação e se relacionar, mas também como um termômetro estratégico de como devem ser seus produtos e serviços. Ela encara seu negócio como um provedor de algo tão relevante para as pessoas, capaz de fazê-las se mobilizar em torno dele. Uma das marcas que melhor representa isso é a Apple, cujos produtos são tão relevantes que as pessoas comentam sobre eles (recomendando, é claro) tanto nas mídias sociais quanto na vida real. Surpreendentemente, seus produtos vendem mais em suas categorias do que os concorrentes que anunciam exaustivamente em todos os formatos possíveis e imagináveis.

Quem melhor traduziu esse novo modelo de empresa foi Jeff Bezos, fundador da Amazon: "Antes, se você estava fazendo um produto, a estratégia ideal era colocar 70% de sua atenção, energia e dinheiro em gritar sobre o produto (divulgar) e 30% em fazer um produto legal. Mas está cada vez mais difícil fazer isso. O poder dos consumidores está aumentando enquanto o das empresas está diminuindo". Para Bezos, no contexto das mídias sociais, é necessário inverter a lógica e investir a maior parte do tempo e do dinheiro no desenvolvimento de um produto relevante.

A mudança de poder gerada pelas mídias sociais faz com que as empresas não consigam mais atuar a partir de uma organização em departamentos. Os canais sociais demandam que as empresas sejam ágeis, próximas e personalizadas — o oposto do conceito de linha de produção industrial adotado pelas corporações atualmente.

> "No contexto das mídias sociais, o grande desafio das empresas é fazer as diferentes áreas conversarem! As mídias sociais geram uma nova sociedade com menos caixinhas, exigindo mais das organizações"
>
> **Gustavo Jreige**
> Sócio-diretor da Pólvora Comunicação

O nível de maturidade em mídias sociais SMC3

No nível SMC3, a empresa consegue disseminar o conceito de mídias sociais por toda a organização. As mídias sociais são muito mais do que canais de mão-dupla. Elas são uma bússola que aponta os caminhos que a empresa seguirá. Definitivamente, o foco está no consumidor. A principal intenção é melhorar a experiência do cliente em todos os níveis de contato com a organização, da pré-venda ao uso do produto.

A empresa no nível SMC3 enfrenta diferentes desafios. O primeiro é mudar a mentalidade de toda a organização, que possui vícios históricos e colaboradores acostumados a um modelo de trabalho industrial. O segundo é a integração entre as áreas da empresa, que costumam agir de forma isolada. O terceiro desafio é a mensuração de "resultados". Isso porque qualquer métrica pode ser reducionista. A dificuldade de encontrar uma forma de medir os "resultados" explica porque é raro encontrar empresas no nível SMC3. É preciso coragem e ousadia para trabalhar com mídias sociais sem o aparente controle e conforto trazido por métricas bem definidas.

> "Muitas vezes o trabalho em mídias sociais é o martelo que quebra as paredes entre os departamentos de uma empresa"
>
> **Melina Gandra**
> Analista de Marketing do Grupo Fleury

> "As empresas são reativas. Normalmente, elas vão às mídias sociais, mas param no medo e não conseguem ir para a oportunidade"
>
> **William Malfatti**
> Diretor Corporativo de Marketing e Relações Institucionais do Grupo Fleury

Até aqui, vimos que cada empresa busca lidar de uma maneira distinta com esse cenário, algumas num nível mais maduro que outras. É possível definir, portanto, três níveis de maturidade: o SMC1 (a mídia social é vista como uma plataforma de mídia), SMC2 (a mídia social é vista como um espaço de relacionamento) e SMC3 (a mídia social é vista como uma ferramenta de mobilização)[6]. Quanto maior o número, maior o nível de maturidade da empresa diante das mídias sociais. Uma

empresa de nível SMC1 é afetada pelo movimento de "descentralização do poder" como todas as empresas, o que naturalmente faz com que se exponha mais a riscos do que a oportunidades. Isso acontece porque apenas uma área se envolve com a dinâmica das mídias sociais (normalmente o marketing). Já uma organização no nível SMC3 compreende essa mudança – e todas as áreas conhecem o conceito e a aplicação profissional das mídias sociais.

FIGURA 2.2

Conceitos: níveis de maturidade em mídias sociais

	SMC1 - Plataforma de publicação	SMC2 - Espaço de relacionamento	SMC3 - Rede de mobilização
Mídia social é...	uma mídia (mais um canal/ponto de contato)	um espaço de conversação e diálogo	um novo formato de fazer negócios e gerir a organização
Propósito	"quero experimentar" ou "me too"	"eu quero estar melhor nas mídias sociais que meus concorrentes"	"posso me aproximar e melhorar a aparência do meu cliente"
Envolvimento	profissionais isolados	área	todas as áreas
Impacto	relatórios e mensurações	relacionamento	produtos e serviços da empresa
Indicador	impacto das publicações nas mídias sociais	interações nas mídias sociais	recomendações nas mídias sociais

SMC Reference Number: 6

Como identificar o nível de maturidade de uma empresa nas mídias sociais

Não é uma tarefa fácil apontar qual é o nível de maturidade de uma empresa nas mídias sociais. Dentro de uma organização, cada área pode atuar sob um paradigma distinto dependendo da situação. Por isso, é interessante avaliar o nível de maturidade de uma empresa a partir de diferentes aspectos, conforme o modelo a seguir.

FIGURA 2.3
Processos: níveis de maturidade em mídias sociais

	SMC1 - Plataforma de publicação	**SMC2 - Espaço de relacionamento**	**SMC3 - Rede de mobilização**
Conteúdo e campanhas	atendem **objetivos pontuais** e são desconectados ao longo do tempo	servem para construir comunidade, **gerar conversação**	há **participação efetiva de toda empresa** e foco no médio prazo
Interação e atendimento	extensão do *call center*; é mecânica, fria e **transacional**	interação mais humana; há diálogo e **relacionamento**	interações **evoluem procedimentos** e engajamento
Tomada de decisão	**esporadicamente** as informações são usadas para tomada de decisão; normalmente, voltada ao marketing	**recorrentemente**, as tomadas de decisão usam as mídias sociais como um dos critérios	**impacta políticas** da empresa, como a remuneração variável dos colaboradores
Plano de negócios	**inputs pontuais** e indiretos para o Marketing	**define o Marketing** e serve para o seu acompanhamento	define e serve como **acompanhamento do Plano Estratégico** como um todo

SMC Reference Number: 7

Ao desenhar as diferentes frentes de atuação de uma empresa nas mídias sociais, é viável posicioná-la em cada ponto para acompanhar sua evolução. Veja:

FIGURA 2.4
Avaliação: níveis de maturidade em mídias sociais

Conteúdo e campanhas	objetivos pontuais	gerar conversação **SUA EMPRESA**	em conjunto com os consumidores
Interação e atendimento	transacional	relacionamento	evoluem procedimentos **SUA EMPRESA**
Tomada de decisão	esporadicamente	recorrentemente **SUA EMPRESA**	impacta políticas
Plano de negócios	inputs pontuais **SUA EMPRESA**	define o Marketing	acompanhamento do Plano Estratégico
	SMC1 Plataforma de publicação	**SMC2** Espaço de relacionamento	**SMC3** Rede de mobilização

SMC Reference Number: 8

Qual é o nível de maturidade certo para uma empresa?

Depois de conhecer os três níveis de maturidade em mídias sociais, é preciso entender o que motiva estar num nível ou noutro. A tendência é as empresas sofrerem uma cobrança para estar no terceiro nível. Isso é um erro porque o nível de maturidade depende de diversos fatores, como momento financeiro da empresa, engajamento da direção executiva e definição de objetivos e metas para um determinado período.

O problema de estar num nível de maturidade baixo é encarar a mídia social como mídia e não perceber as oportunidades (e os riscos) para o negócio. Quando uma empresa anuncia num outdoor, num programa de televisão ou coloca um banner num portal e não tem nenhum retorno em termos de branding ou vendas, pode optar por ficar de fora desses canais. Nas mídias sociais, essa opção não existe. As pessoas (consumi-

dores, clientes, colaboradores, público em geral) colocam a empresa lá - e não é possível reverter esse processo. O único caminho é participar da conversa. Por isso, independentemente do tamanho ou da área de atuação, é difícil não encontrar uma empresa que não está pensando em estratégias para as mídias sociais.

> "Em um trabalho nas mídias sociais, é necessário dar passos do tamanho das suas pernas, tem de se pensar em fazer uma curva de aprendizado"
>
> **Fernando Migrone**
> Especialista de Mídia e Marketing Digital na América Latina

Há outros dois grandes motivadores para esse movimento. O primeiro é que a imprensa e o mundo acadêmico têm valorizado as mídias sociais. O segundo é que já temos muita gente experimentando as mídias sociais desde que elas surgiram. Quem está de fora, portanto, parece atrasado. Esse é o fenômeno *me too* (eu também), em que um gestor ou uma empresa se sentem deslocados e ameaçados por não participarem de nenhuma iniciativa do tipo.

Há um conjunto de fatores que podem guiar a ação das empresas nas mídias sociais. Mas, em geral, um deles sempre se destaca. Pode ser o ROI[7] (economizar dinheiro ou gerar mais vendas), a Competitividade (ter uma atuação melhor que os concorrentes) ou o Cliente (ser mais relevante para o consumidor).

Normalmente, quando a mídia social é encarada como uma mídia (nível SMC1), o cálculo do retorno do investimento (ROI) tende a possuir uma grande importância. Nesse cenário, é possível gerenciar melhor o trabalho e fazer com que todos da organização entendam a importância das mídias sociais. Isso porque ela é provada na ponta do lápis, com números. O problema é que, quando a empresa segue o caminho do

> "Os executivos de uma empresa são convencidos a apoiar projetos, como o de mídias sociais, por uma lógica que eles podem compreender. Normalmente, ela é numérica"
>
> **Renato Mendes**
> Gerente de Marketing e Assuntos Corporativos na NetShoes.com

> "Hoje, o ROI é quase uma desculpa para as empresas não entrarem nas mídias sociais. Antes de pensar em ROI, é preciso entendê-las"
>
> **Luciano Palma**
> Community Manager da Intel para Servidores

ROI, tende a privilegiar ações de curto prazo e transacionais, em detrimento de ganhos de longo prazo e voltados para o relacionamento com os clientes.

O cálculo do ROI leva a empresa a pensar no curto prazo. A principal pergunta a ser respondida é: "Quanto dinheiro isso vai gerar este mês?". É possível respondê-la, mas o relacionamento com as pessoas acaba sendo deixado de lado. O líder da banda BlackEyed Peas, Will.I.am, definiu bem esse cenário num artigo divulgado recentemente: "Temos comercializado tanto que temos matado as comunidades (...) Temos comercializado tanto que temos feito mal aos nossos clientes"[8].

A concorrência também pode guiar a presença de uma empresa nas mídias sociais. Não é fácil para nenhum gestor ver seus concorrentes disparando nas mídias sociais e sua marca estar lá para trás em número de seguidores. Nesse cenário, a empresa atuará no nível de maturidade SMC I (no máximo, conseguirá chegar ao 2), porque a competição é pautada por números e não em termos de relacionamento. É difícil conseguir comparar a qualidade de um relacionamento, mas o número de seguidores sim.

Por fim, o cliente pode guiar a atuação de uma empresa nas mídias sociais. É impressionante como algumas organizações gastam tempo e energia com o cálculo do ROI ou com os concorrentes e se esquecem do cliente. As mídias sociais representam uma oportunidade nunca antes vista de aproximação das empresas com os clientes e possíveis compradores. Nesse ambiente, os produtos e serviços de uma organi-

> "A busca exclusiva por indicadores de resultado (ROI) no século XXI está atrasada. É preciso incluir fatores subjetivos na composição desses indicadores, como alegria, satisfação e entusiasmo"
>
> **Luiz Algarra**
> Designer de fluxos de conversação com foco em inteligência colaborativa

zação podem se tornar mais conhecidos, assim como ela pode descobrir as necessidades, comportamentos e opiniões dos consumidores.

Quando o cliente é o centro das atenções, tanto o ROI quanto a concorrência não podem ser ignorados. Mas há uma diferença: não se deixará de fazer algo que todos percebem como importante simplesmente porque não gerará vendas - ou pior: gerará vendas que não poderão ser medidas. Nesse cenário, as ações realizadas não trazem receitas ou economia de custos de um modo direto, mas seus efeitos vêm a longo prazo. A empresa encara as mídias sociais como algo estratégico.

> "Nas mídias sociais, há dois tipos de investimentos: um no aumento de público e de faturamento e outro naquilo que é intangível. O segundo fortalece a marca a longo prazo e não traz retorno imediato. No momento de uma crise, ele é um importante ativo para a empresa que não pode ser quantificado, mas é percebido"
>
> **Sérgio Kuczynski**
> Proprietário do Restaurante Arábia

Formas de atuação nas mídias sociais segundo os níveis de maturidade SMC

Produção de conteúdo e campanhas nas mídias sociais: de informação pontual a um papel estratégico

Para uma empresa conversar com seu público nas mídias sociais, não dá para abrir mão da realização de campanhas. Elas podem ter dois objetivos. Primeiro, gerar comunidade, ou seja, aumentar o número de pessoas que estão conectados à marca nas mídias sociais. Segundo, divulgar algo pontual, como o lançamento de um produto ou serviço.

Se analisarmos as campanhas segundo os níveis SMC, temos que:

- No nível SMC1, as organizações usam as campanhas nas mídias sociais segundo o modelo mental da mídia tradicional. Não há interação e, a cada nova ação, tudo começa do zero;
- No nível SMC2, a campanha serve como motivação para o começo de uma conversa; e
- No nível SMC3, a campanha envolve a empresa inteira, o que gera uma relevância maior, assim como mais possibilidades de interação.

Um importante aliado das campanhas nas mídias sociais é o marketing de conteúdo. Ele consiste na geração de um conhecimento sobre algo que afeta o público-alvo da marca e pode ser compartilhado, por exemplo, num livro, vídeo, infográfico ou post de blog.

Essa geração de conteúdo acontece também dentro dos níveis de maturidade SMC. As empresas costumam iniciar com a experimentação de conteúdos (SMC1), criam estratégias e processos em torno dele (SMC2) e, por último, toda a organização passa a usar o conteúdo para gerar vendas e impulsionar os negócios (SMC3). Um exemplo interessante de atuação madura de marketing de conteúdo vem da indústria química Indium. A empresa criou 73 blogs alimentados por todas as áreas da empresa[9].

Interações e SAC 2.0: de processo reativo à geração de valor para o cliente

Interagir e fazer atendimento nas mídias sociais é praticamente obrigatório para as empresas hoje em dia. Há quem defenda que, em vez de marketing, as organizações deveriam usar as mídias sociais para atender bem o cliente. Provavelmente, o atendimento nas mídias sociais não anula a realização de outras ações de marketing. Mas, na comparação com outras estratégias, o chamado SAC 2.0 é uma ferramenta poderosa para evitar crises e manter uma boa percepção da marca.

Normalmente, no SAC 2.0, o cliente é atendido de um jeito diferenciado, mais rápido e de melhor qualidade. Na prática, as empresas dão a quem reclama nas mídias sociais o mesmo tratamento dispensado a um jornalista que está produzindo uma reportagem para um jornal ou uma revista. Isso gera uma satisfação imediata no cliente. A longo prazo, porém, a organização pode enfrentar um grande problema de escala. Não é preciso fazer uma conta muito complexa para ver que tratar milhões de pessoas nas mídias sociais com a mesma prioridade dada a jornalistas é inviável. Conforme os consumidores aprendem a reclamar nas mídias sociais, cria-se um círculo vicioso perigoso para as empresas. No próximo capítulo, falaremos sobre esse cenário e apresentaremos uma solução.

A primeira reação de uma empresa que passa a atender nas mídias sociais é usar os mesmos processos, estruturas e equipes que fazem atendimento nos canais tradicionais. Tal comportamento é característico de uma atuação de nível SMC1, ou seja, parte da perspectiva de que as mídias sociais são "mais um canal". Assim, a lógica do call center persiste: a reclamação de um cliente é vista como uma despesa e não uma oportunidade. O foco da área de atendimento é neutralizar as reclamações que apare-

> "O principal nas mídias sociais não é o ROI, mas o ROE (retorno do engajamento). O objetivo deve ser se aproximar para poder se relacionar. Não é só para vender. Mais que isso: é para se posicionar"
>
> **Ricardo Leite**
> Responsável pela estratégia de redes sociais da Vivo

> "Em nossa empresa, métricas de mídias sociais são usadas para determinar a remuneração variável de colaboradores de outras áreas, não só do marketing"
>
> **William Malfatti**
> Diretor Corporativo de Marketing e Relações Institucionais do Grupo Fleury

cem nas mídias sociais e não necessariamente aproveitar a interação para melhorar a experiência do cliente e entendê-lo melhor.

Já no nível SMC2, há uma postura pró-ativa. O atendimento é visto como uma oportunidade para a empresa entender melhor o cliente – e deste enriquecer sua experiência com a marca. Nesse sentido, novos processos e estruturas são definidos. Há o reconhecimento de que as mídias sociais são um espaço totalmente diferenciado dos canais tradicionais, uma vez que a interação é pública e pode provocar reações positivas ou negativas para a reputação da marca. Outro aspecto interessante é que os novos processos criados para o SAC 2.0 se aproveitam das particularidades das mídias sociais, como a criação de blogs específicos para sanar dúvidas ou de fóruns para os consumidores participarem.

No nível SMC3, os feedbacks extraídos do SAC 2.0 são repassados e aproveitados por toda a empresa, o que provoca mudanças de procedimentos em todos os níveis organizacionais.

Tomada de decisão usando mídias sociais: de recurso publicitário para ferramenta de negócios

A todo o momento, é preciso tomar decisões estratégicas, técnicas e operacionais no ambiente empresarial, das mais simples às que impactam o futuro do negócio. Para ir pelo melhor caminho, há uma série de ferramentas e recursos que ajudam a minimizar as incertezas. Uma dessas ferramentas são as mídias sociais, espaços onde as pessoas falam espontaneamente sobre tudo e estão acessíveis.

É praticamente impossível atuar nas mídias sociais e ignorar os *insights* que elas podem trazer. O problema é que isso não acontece de forma estruturada e frequente. O aproveitamento das informações tra-

zidas pelas mídias sociais costuma ficar restrito às áreas de marketing e ocorre de um modo aleatório, quase acidental. Essa é uma atuação típica de nível SMC1.

Conforme uma empresa amadurece e chega ao nível SMC2, esse processo de usar as mídias sociais para a tomada de decisão se torna contínuo. As informações são demandadas pelos gestores, que passam a considerar o que é dito nas mídias sociais para realizar mudanças, lançar produtos ou fazer novos investimentos.

Já no nível SMC3, o uso das informações das mídias sociais é totalmente estratégico. Elas impactam as políticas da empresa como um todo. Na tomada de decisão, as mídias sociais podem, sozinhas, definir ou não os próximos passos da organização no mercado. Internamente, elas podem ser usadas para definir a remuneração variável dos colaboradores.

> "Invariavelmente, o trabalho com mídias sociais evolui rapidamente. Já que as mídias sociais expõem a marca em público, a empresa acaba tendo um alto nível de exigência consigo mesma. Isso a leva a um nível de maturidade mais alto e, consequentemente, melhora o trabalho"
>
> **Flavio Vieira**
> Diretor de Conteúdo da Riot

Definição – e evolução – dos níveis de maturidade

Dadas essas possibilidades, qualquer empresa deveria se perguntar: "Como posso atuar e evoluir minha atuação nas mídias sociais?". A boa notícia é que esse processo acontece naturalmente, mas também pode ser impulsionado por uma metodologia que evite riscos e contra tempos. É necessário ter um modelo que traga um direcionamento e mais eficiência para o trabalho com mídias sociais, assim como provoque uma evolução no nível de maturidade das empresas como um todo.

Notas

1. *A Cultura da Participação* (2011) - Clay Shirky - Editora Zahar - pg 51
2. *How Corporations Should Prioritize Social Business Budgets – Corporations must budget spending based on their maturity level* - February 10, 2011 - Jeremiah Owyang e Charlene Li - http://www.altimetergroup.com/research/reports/how-corporations-should-prioritize-social-business-budgets
3. *Social Media Listening and Engagement Journey"* February 24, 2011 - Stephanie Marx - http://blogs.cisco.com/socialmedia/social-media-listening-and-engagement-journey/
4. *O Estado de S. Paulo* - 06 de Fevereiro de 2011 - Lilian Cunha - http://m.estadao.com.br/noticias/impresso,empresas-prometem-de-creme-a-picanha-na-busca-por-fas,831985.htm
5. TechCrunch - 22 de Julho de 2009 - Amazon Buys Zappos; The Price is $928m., not $847m. http://techcrunch.com/2009/07/22/amazon-buys-zappos/
6. SMC se refere à metodologia Social Media Cycle, desenvolvida pela Scup Minds.
7. ROI (*Return of Investment*) é uma métrica usada nas organizações para medir o retorno sobre o investimento realizado.
8. *What Does 'Communiting' Mean???* - will.i.am - Ad Age (Outubro de 2011) - http://adage.com/article/guest-columnists/communiting/230440/
9. *Content: The New Marketing Equation* - 16 de Fevereiro de 2012 - Rebecca Lieb - Altimeter Group http://www.slideshare.net/Altimeter/content-the-new-marketing-equation

CAPÍTULO 3
O CICLO DAS MÍDIAS SOCIAIS NA PERSPECTIVA DOS NEGÓCIOS

A poucas semanas do fechamento das metas de vendas, Pedro, gerente de marketing de uma empresa de relógios, recebeu um relatório parcial dos resultados de campanhas realizadas nas mídias sociais. Ao contrário do que ele imaginava, os números estavam bem abaixo do esperado. Sem entender por que aquilo havia acontecido, Pedro decidiu convocar uma reunião extraordinária com o responsável pela agência que contratara para cuidar da estratégia da empresa nas mídias sociais, com um executivo da área de atendimento e com o diretor de comunicação.

– Chamei vocês aqui porque estou muito preocupado com os resultados de nossas campanhas nas mídias sociais. Investimos pesado na área e os números estão negativos. Continuamos com poucos seguidores nos canais de relacionamento, a taxa de conversão é ridícula e não conseguimos produzir nenhum viral. Como você me explica isso, Mário?, perguntou Pedro para o gestor da agência.

– Pedro, apesar de vocês terem investido na área, eu sempre disse que precisávamos de mais verba. Nossos concorrentes pagam para artistas de peso falar bem de seus relógios nas mídias sociais. Fica difícil concorrer assim. Campanhas de sucesso são caras, você sempre soube disso. Sem contar que, a equipe de mídias sociais de vocês é pequena. Precisamos de mais analistas para produzir conteúdo e compartilhar nas redes de relacionamento.

– Você quer mais gente interagindo com nossos clientes nas mídias sociais? Está louco? Desde que vocês implantaram essas novas ações, a quantidade de reclamações aumentou 30%. Ninguém mais aguenta receber mensagens de promoções nossas, falando de nossos produtos, disse Evaristo, da área de atendimento.

– Eu sempre disse que o investimento em mídias sociais tinha que dar resultados. No final do mês, eu quero ver o impacto.

Nessa história, é possível perceber que os envolvidos com o projeto de mídias sociais não estão alinhados. Cada um possui uma expectativa diferente sobre os tipos de resultado que os investimentos na área podem trazer. Essa falta de alinhamento é o grande entrave para que uma organização consiga aproveitar as mídias sociais. Mas não fique preocupado se na sua empresa acontece a mesma coisa. Como as mídias sociais se tratam de uma "ciência" nova, é compreensível que uma situação assim faça parte do cotidiano das organizações.

O grande desafio das mídias sociais, por trás dos holofotes dos grandes cases, é chegar a um entendimento sobre a forma como a marca estará inserida nesse mundo. Se todos os envolvidos no processo têm clareza sobre o caminho a ser seguido, há menos conflitos e desperdício de energia. Assim, é possível conseguir resultados sustentáveis que impactam o negócio positivamente.

Mídias sociais como uma ferramenta para melhorar o negócio

Pense no seguinte exemplo: uma pessoa se hospeda num hotel e, depois de fechar a conta, posta nas mídias sociais a seguinte mensagem: "Eu fiquei nesse hotel durante três dias. O elevador estava quebrado o tempo todo. Tive de subir e descer sete andares de escada todos os dias. Palhaçada!".

Uma menção como essa pode ser encarada de diferentes maneiras pela empresa. Ela pode ser vista apenas como um risco. Nesse sentido, a estratégia seria conversar com o detrator da marca por meio de uma abordagem mais pessoal. Um profissional de Relações Públicas entraria em contato com o hóspede insatisfeito para explicar o motivo do problema e oferecer uma diária grátis no hotel como compensação. O foco dessa estratégia é buscar compensar o cliente por algo que não anda bem na empresa.

Há outra estratégia, complementar a essa, que se baseia na modificação do produto ou serviço oferecido. Além de tratar da insatisfação do cliente para que a reclamação não traga uma crise institucional, o problema em si seria investigado e solucionado. Assim, o objetivo dessa abordagem não é que o cliente pare apenas de reclamar, mas também que o elevador pare de ficar enguiçado! Em vez de somente diminuir o risco, aproveita-se a oportunidade para evoluir o serviço oferecido. A empresa poderia mudar o processo de manutenção do elevador, trocar o fornecedor responsável pelo conserto ou mesmo comprar elevadores novos.

Essa forma de gerir uma empresa não é novidade. Ela é estudada há décadas por Chris Argyris, professor de Harvard que inventou o conceito de aprendizagem em circuito duplo[1]. Segundo ele, o aprendizado envolve a detecção e correção de um erro. Quando essa detecção acontece, a maioria das pessoas tende a adotar um comportamento operacional, buscando "apagar o incêndio" e não resolver a causa do problema. Por outro lado, há um nível de aprendizado mais evoluído, em que se corrige não só a consequência do problema, mas o que levou a ele, por meio da mudança de procedimentos, planos ou estratégias.

No contexto das mídias sociais, tal teoria ganha um novo impulso e se torna imperativo colocá-la em prática. Antes, com a publicidade tradicional, o foco das empresas era (e podia ser) em sua imagem. Isso porque a experiência real das pessoas com a marca não aparecia na mídia. Hoje, acontece o contrário. As experiências reais dos consumidores estão em evidência – e não as imagens criadas num estúdio a partir de um roteiro pensado pela empresa. Agora, as organizações precisam lidar mais com a realidade do que com a imagem que querem passar.

Nesse cenário, as empresas devem assumir um novo modelo de gestão. Segundo ele, os resultados (vendas) de uma empresa num mundo imerso em mídias sociais vêm, principalmente, de dois fatores: da re-

> "Antes, pregava-se que as empresas deveriam ser transparentes e éticas, mas nem todas faziam isso porque não precisavam. Mas com as mídias sociais a teoria tem de virar prática. Vivemos num mundo em que não há mais tapetes para cobrir a sujeira"
>
> **Marcelo Lemmi**
> Head of Business Inteligence da Agência Riot

levância do produto ou serviço e das recomendações que as pessoas fazem dele, o boca a boca. A Apple é o maior exemplo disso. A empresa se foca em fazer produtos tão relevantes que gera conversações e recomendações espontâneas.

Uma empresa focada mais em sua "imagem" que na "realidade" tende a trabalhar para diminuir as reclamações caso a caso e convencer as pessoas a fazer recomendações. Não há nada de errado nisso. O problema é que a estratégia não se sustenta a longo prazo. Por outro lado, a organização que trabalha com o conceito de circuito duplo melhora o negócio como um todo — e chega a uma solução duradoura.

Quando a organização passa a ser gerida nesse modelo, todas as áreas e camadas hierárquicas valorizam as informações vindas das mídias sociais. Elas não só fazem esforços para usá-las, como demandam, de uma maneira pró-ativa, dados de monitoramento para tomar decisões.

Um bom exemplo de uma "resolução em circuito duplo" aconteceu com a Pepsico. A empresa identificou que as pessoas costumavam reclamar nas mídias sociais que as embalagens da batata Ruffles vinham com muito ar. As críticas eram tão constantes que a paródia "Também vem batata nos nossos sacos de ar" foi criada por um blogueiro. A solução mais simples seria entrar em contato com ele e oferecer algum tipo de benefício para que parasse de reclamar. A Pepsico, porém, partiu para uma "resolução de circuito duplo". Publicou em sua *fan page* no Facebook um infográfico que explicava o porquê de tanto ar dentro da embalagem. Dizia o conteúdo: "A batata Ruffles viaja o Brasil inteiro para chegar até você e, durante o transporte, o sobe-caixa-desce-caixa poderia quebrar todas elas. Mas não! O ar do pacote está lá e protege todas do impacto."[2].

Esse é um exemplo de resolução de circuito duplo nível SMC1. A área de comunicação resolveu um problema de comunicação com escala. Mas, em níveis mais maduros, a empresa não só faria isso, mas poderia também envolver a área de produto e operação para que as embalagens passassem a vir com um aviso explicando o motivo do excesso de ar no saco de batata, por exemplo.

FIGURA 3.1
As duas formas SMC de resolver problemas em mídias sociais

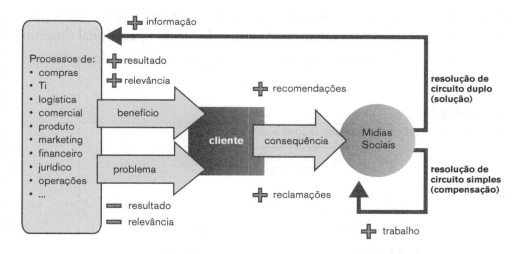

SMC Reference Number: 9

CICLO VIRTUOSO E VICIOSO EM MÍDIAS SOCIAIS

Atender nas mídias sociais (SAC 2.0) é um processo muito delicado. Nenhuma organização quer ver reclamações sobre ela espalhadas na internet sem nenhuma resposta. Muito menos expor para todos uma interação ineficiente e padronizada.

O problema é que o atendimento diferenciado – e na grande maioria dos casos, mais rápido – acaba viciando o cliente. Os consumidores deixam de buscar os canais de ajuda tradicionais da empresa e só usam as mídias sociais para reclamar. Com o passar do tempo, o crescimento das reclamações se torna exponencial e fica mais difícil atender a todos sem extrapolar os custos e a capacidade de gerenciamento. A solução é criar um círculo virtuoso para o atendimento. Como?

O ciclo vicioso é caracterizado pelo monitoramento e por interações baseadas na "resolução de circuito simples", ou seja, o foco está nas consequências do problema – e não nas causas. O cliente se acostuma a reclamar nas mídias sociais e todo investimento é destinado para a operação, em vez de ser gasto com inteligência.

No ciclo virtuoso de mídias sociais, há uma "resolução de circuito duplo". Ela promove uma melhoria nos serviços da empresa e reduz o número de reclamações com o tempo. Assim, a demanda operacional diminui e a organização dedica um orçamento maior para o projeto de mídias sociais.

FIGURA 3.2
Os dois ciclos de mídias sociais: vicioso e virtuoso

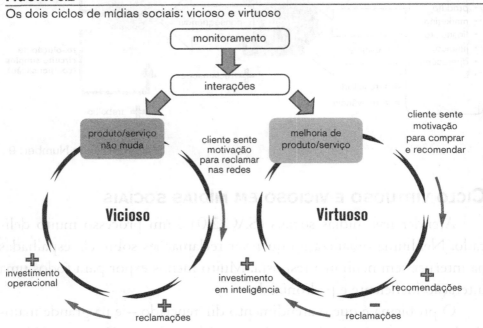

SMC Reference Number: 10

Modelo SMC (Social Media Cycle) de trabalho em mídias sociais

Dois gerentes de marketing, que cursaram MBA juntos, marcaram um almoço. Para ambos, estava claro que o trabalho em mídias sociais deve estar calcado num processo bem estruturado. E foi assim que sempre atuaram nas empresas onde trabalham. Eles contavam com investimentos e estruturas parecidos, mas os resultados alcançados eram bem diferentes.

Marcos: O nosso trabalho em mídias sociais gerou insights sobre nossos colaboradores para o RH, novas ideias de produtos e inputs estratégicos para o nosso planejamento anual. Mas poucos valorizam isso na empresa. A alta gerência e os executivos de RH e Produtos não usam essas informações. Pelo contrário: querem até cortar o investimento em mídias sociais. Como você resolve esse problema?

João: Na verdade, não tenho esse problema. Para te falar a verdade, a minha empresa pensa em aumentar os investimentos. Qual é a reação dos gestores nas palestras, treinamentos e materiais que vocês criam para explicar o trabalho de mídias sociais?

Marcos: Como assim? Além de cuidar do processo de mídias sociais, para ter a qualidade necessária, você também forma os executivos?

João: Sim. Não adianta produzirmos informação e relacionamento se isso não será entendido e usado por todos. O trabalho de mídias sociais não é pontual. Mas um ciclo de trabalho e aculturamento constante.

Todo processo dentro de uma organização passa por um ciclo, em que há: planejamento, implantação, acompanhamento e melhoria. É o ciclo do "agir". Um projeto de mídias sociais de uma empresa conta com etapas que levam em consideração seu nível de maturidade no planejamento, como os dados serão capturados na implantação e assim por diante. Mas de pouco adianta ter um processo muito bem definido se os ganhos não se espalham pela empresa. Por isso, esse ciclo só é realmente efetivo se houver um segundo momento além do "agir", o "difundir". Esse momento se refere ao impacto mais intangível do processo nos negócios da empresa, o impacto cultural. É como o output desse trabalho será valorizado, entendido e usado por todos na empresa.

Na Figura 3.3, o círculo da esquerda se refere ao trabalho com qualidade e resultado de mídias sociais, o "agir". E o círculo da direita mostra o aumento de participação nos processos da empresa, o "difundir". Um retroagindo sobre o outro. Isso significa que, quanto maior o retorno do trabalho de mídias sociais, maior o potencial de ele ser disseminado pela empresa.

Assim, fica claro que há dois movimentos num trabalho eficiente de mídias sociais: "agir" (atuar nas mídias sociais produzindo resultados) e "difundir" (disseminar esse processo por toda empresa).

FIGURA 3.3
O ciclo SMC de mídias sociais em uma organização: visão macro

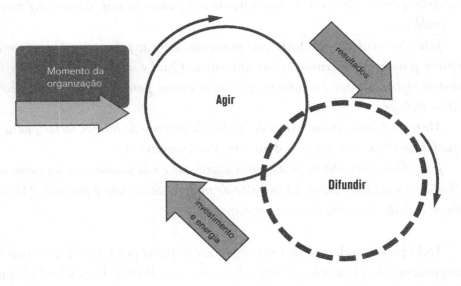

SMC Reference Number: 11

A partir disso, podemos construir um modelo de atuação nas mídias sociais. Ele é caracterizado por um ciclo que inicia ao se (1) mensurar os objetivos de negócio, para depois (2) capturar as informações, passa pela (3) análise que gera conhecimento e (4) se completa no aculturamento das pessoas da organização.

1. **Mensurar:** é nesse momento que a equipe verifica o nível SMC que pautará todo o processo, ou seja, entender o momento em que a organização está. Isso é importante porque as empresas tendem a se inspirar em cases famosos que aconteceram em contextos totalmente diferentes dos seus.

2. **Capturar:** é a etapa de operacionalização do monitoramento em que serão definidos o dimensionamento do monitoramento, a equipe, os softwares necessários, os processos e o acompanhamento e melhoria de tudo isso.

3. **Analisar:** é transformar os dados do monitoramento em informações e conhecimento para o negócio.

4. **Aculturar:** essa etapa serve para evoluir o nível SMC da empresa, ou seja, disseminar as práticas por meio dos resultados das etapas anteriores com capacitação e informação.

Essa etapa de "Aculturar" gera o segundo momento do ciclo de mídias sociais, o de "difundir" (que provoca mais envolvimento da organização nas mídias sociais):

- **Comunicações:** a empresa usa cada vez mais as mídias sociais para fazer divulgações;
- **Relacionamento:** a interação passa a ser pró-ativa e estratégica cada vez mais. Isso porque tanto a informação chega mais rápido pelas mídias sociais, como também é possível um contato mais humano e eficiente com as pessoas;
- **Tomadas de decisão:** os gestores da organização recorrem cada vez mais às informações geradas pelo monitoramento;
- **Plano de negócios:** o planejamento de longo prazo é mais impactado pelo que é percebido nas mídias sociais, como também leva em consideração esse grande ativo que a empresa tem.

Forma-se então o "Ciclo de mídias sociais SMC", representado a seguir.

FIGURA 3.4
O ciclo SMC de trabalho em mídias sociais

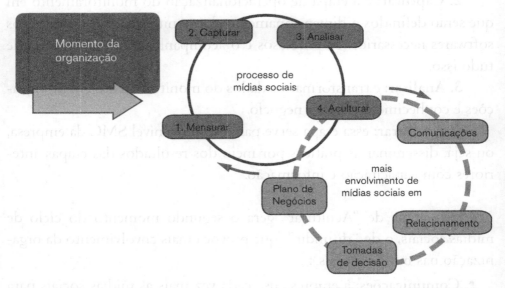

SMC Reference Number: 12

NOTAS

1   *Theories of Learning in Educational Psychology Chris Argyris: Double Loop Learning* - http://www.lifecircles-inc.com/Learningtheories/constructivism/argyris.html

2   *Ruffles explica "mito do saco de ar" no Facebook* - Exame.com - Cris Simon - 12/01/2012 - http://exame.abril.com.br/marketing/noticias/ruffles-se-defende-do-mito-do-saco-de-ar-no-facebook

CAPÍTULO 4
MONITORAMENTO: O CORAÇÃO DAS MÍDIAS SOCIAIS

O João é responsável pelo núcleo de mídias sociais de uma indústria de carros. Há seis meses, ele implantou uma operação de monitoramento para saber o que as pessoas falam da empresa nos canais sociais — e extrair informações para pautar ações de relacionamento com os clientes. Aos poucos, o monitoramento se espalhou por outras áreas da empresa. Hoje, diferentes departamentos da organização, como Jurídico, Comunicação e Recursos Humanos, usam os relatórios produzidos por João para tomar decisões.

Numa segunda-feira ensolarada, ele se reuniu com os principais diretores da empresa para mostrar os resultados alcançados até ali. Foi quando o diretor de operações disse:

"João, parabéns pela apresentação. Estamos contentes com os resultados. Mas eu senti falta de números sobre a crise que tivemos no mês passado nas mídias sociais, quando as pessoas ficaram enfurecidas com o desgaste precoce de nossos pneus. Precisamos dessas informações para planejar nossos próximos investimentos, algo em torno de US$ 20 milhões."

João gaguejou e respondeu:

"Infelizmente, as informações não foram coletadas pelo monitoramento. As pessoas usaram uma expressão para falar do problema que não estava cadastrada em nossa ferramenta. Mas conseguimos ter uma noção geral da crise..."

Essa história mostra a importância e complexidade do monitoramento de mídias sociais. Ele é importante porque funciona como o maior ponto de contato de uma empresa com seu público (dependendo do tipo de serviço oferecido, fica impossível para a organização ignorar as mídias sociais) e pode gerar informações para todos os departamentos de uma empresa. Logo, deve ser bem estruturado e contar com métricas bem estabelecidas.

Em segundo lugar, o monitoramento é complexo porque o comportamento das pessoas é muito dinâmico. As pessoas falam a todo momento nas mídias sociais sobre assuntos distintos — e o monitoramento deve ser atualizado constantemente para atender as necessidades das diferentes áreas da organização. Sem esse acompanhamento em tempo real, informações essenciais podem ser perdidas.

Monitoramento: benefícios e processo

Não é possível fazer monitoramento de mídias sociais sem uma execução profissionalizada. Daí a necessidade de usar um modelo de referência criado a partir das melhores práticas do mercado, em vez de recorrer a soluções caseiras guiadas pela intuição.

Uma dessas referências é o "Ciclo de mídias sociais (SMC)". Ele foi criado para orientar o trabalho de profissionais e empresas, evitar perda de tempo e ajudar na concentração de esforços. O Ciclo não deve ser seguido religiosamente, mas servir como um orientador. Antes de começar o trabalho, é preciso entender o papel do monitoramento na gestão de uma empresa. Muita gente vê o monitoramento como uma forma de vigilância e punição — até porque algumas empresas costumam usá-lo assim —, mas a tendência é que isso mude. Monitorar já é enxergado como uma forma de aprendizado. Para usar uma frase do autor James Grunig, "o principal motivo para medir não é punir ou recompensar, mas aprender". Quando existe essa visão, o monitoramento se torna uma fonte riquíssima para o desenvolvimento de uma organização como um todo.

Tendo em mente isso, é preciso entender que o trabalho de monitoramento e métricas em mídias sociais vai muito além da tabulação do número

de fãs e seguidores de uma marca. A partir da definição do pesquisador Tarcízio Silva, podemos dizer que o trabalho de monitoramento e métricas:

- Compreende o uso de dados e métricas de forma criativa, além do óbvio. E não apenas a coleta das informações que estão explícitas nas mídias sociais (fãs, seguidores, membros...);
- Dá apoio à gestão de todas as iniciativas da empresa;
- Serve para planejamento, pesquisa, otimização e aprendizado – e não deve ser feito somente depois da realização de ações;
- É possível de ser realizado, em grande parte, por qualquer profissional com conhecimento básico de matemática e não apenas por estatísticos;
- É uma ferramenta estratégica não somente ligada a aspectos financeiros imediatos.

Um modelo de trabalho eficiente e evolutivo

O modelo SMC contém as etapas necessárias para um trabalho eficiente com monitoramento e métricas de mídias sociais. A etapa "Mensurar" possui os seguintes passos:

- (I.1) **nível SMC** – é a escolha de como a empresa encara as mídias sociais, ou seja, seu nível de maturidade;
- (I.2) **escopo** – em seguida, é decidido o que o monitoramento cobrirá. Se uma campanha pontual ou uma marca ao longo do tempo, se as informações coletadas serão para tomar uma decisão ou para fazer uma interação com usuários nas mídias sociais;

Os próximos passos do trabalho em mídias sociais dependerão completamente dos itens "nível SMC" e "escopo".

- (I.3) **objetivos** – nesse ponto, são declarados os objetivos do mo-

nitoramento dentro do escopo definido. Normalmente, um monitoramento atende mais do que uma perspectiva de uma marca ou negócio, o que servirá como base para...

- **(I.4) métricas** – são as métricas a serem identificadas e acompanhadas durante o processo de monitoramento. Elas atendem aos objetivos da empresa com esse projeto. As métricas só poderão ser captadas de maneira correta se houver uma...
- **(I.5) classificação** – para a categorização das menções das mídias sociais de forma bem definida e consistente.

A segunda etapa se refere ao trabalho de "Capturar" (2) as informações. Ela compreende:

- **(2.1) dimensionar** – onde é percebido o tamanho do monitoramento e a quantidade de pessoas necessárias para atender aos objetivos;
- **(2.2) estrutura** – se refere ao formato de trabalho (terceirizado ou não) e as partes do processo;
- **(2.3) software** – os softwares para que o processo aconteça com o máximo de eficiência;
- **(2.4) equipe** – qual o perfil dos profissionais necessários para que o projeto seja bem-sucedido;
- **(2.5) processo** – procedimentos que suportarão o trabalho da equipe, a fim de que ela execute o planejado com os softwares disponíveis;
- **(2.6) keywords** – identificação das palavras-chave que estarão no monitoramento, pois, às vezes, monitorar a palavra 'gravides' é tão importante quanto 'gravidez' (com a ortografia correta);
- **(2.7) implantar** – execução de tudo o que foi planejado até aqui (contratação e capacitação dos profissionais, executando os processos desenhados e etc); e

- **(2.8) acompanhar** – o que vai ser produzido pela estrutura montada. É aqui que mora o perigo, pois a tendência é só acompanhar os relatórios em vez do trabalho como um todo, ou seja, fazer uma gestão.

Com os dados capturados e a estrutura definida, é chegada a hora de transformá-los em informação com a etapa de "Analisar". Ela contém os passos a seguir:

- **(3.1) analisar** – momento em que os dados estruturados pela etapa de "capturar" são transformados em informações e conhecimentos. Essas informações descobertas só têm utilidade se forem compartilhadas com toda a empresa. Para isso, é necessário:
- **(3.2) comunicar** – aos usuários finais as informações do monitoramento (executivos, colaboradores e etc.). E para garantir que o processo sempre evolua, há o momento de:
- **(3.3) melhorar** – trata-se de identificar pontos de melhoria no processo de monitoramento, a fim de ter mais eficiência e qualidade nas informações.

No momento de "Analisar", se torna necessário difundir por toda a organização a competência e perspectiva de mídias sociais. Isso porque os resultados e informações passam a dar significado e sentido para esse processo. Como já vimos, não basta apenas ter um processo eficiente de mídias sociais. É necessário torná-lo estratégico, gerar resultados de negócio e "Aculturar" (4) toda a organização. Para isso, há os seguintes passos:

- **(4.1) identificar** – o nível SMC da organização, ou seja, reconhecer como a organização percebe as mídias sociais nesse momento. Para em seguida...
- **(4.2) aculturar** – a todos da empresa com atividades que vão de palestras até programas de integração. E finalmente começar a...

- **(4.3) planejar** – envolve o planejamento de como amadurecer a empresa como um todo (áreas e colaboradores) nas mídias sociais.

FIGURA 4.1
Modelo SMC de monitoramento e métrica em mídias sociais

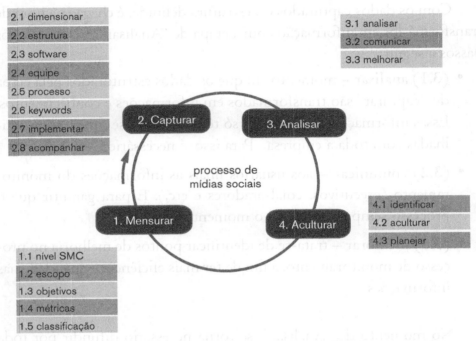

SMC Reference Number: 13

Depois de todos esses estágios, o ciclo recomeça! Define-se o nível SMC que a empresa atuará, melhora-se o planejamento e todos os processos subsequentes. Vale ressaltar mais uma vez que esse ciclo é uma referência. É muito raro uma empresa seguir todos esses passos à risca, principalmente no segundo ciclo. Sempre deve-se analisar o contexto para ver quais passos estão faltando ou são realmente necessários.

CAPÍTULO 5
COMO DEFINIR MÉTRICAS A PARTIR DOS OBJETIVOS DE NEGÓCIO

CAPÍTULO 5
COMO DEFINIR MÉTRICAS A PARTIR DOS OBJETIVOS DE NEGÓCIO

Em plena manhã de segunda-feira, o departamento de marketing de uma empresa de canetas estava em festa. Não podia ser diferente. O projeto de mídias sociais, que havia começado com grande desconfiança da alta direção da companhia e dos outros departamentos, se tornara um grande sucesso. Os relatórios não mentem: a principal métrica adotada para medir os resultados das ações – "número de interações nas mídias sociais que geram vendas no site da empresa" – mostrava números acima do esperado.

Naquela mesma manhã, Marcelo, responsável pelas ações nas mídias sociais, foi chamado para uma reunião no departamento de relações públicas. Havia um problema: a quantidade de menções negativas à marca aumentou depois que a empresa passou a tentar gerar vendas nas mídias sociais. Surpreso, Marcelo disse: "Como a nossa imagem piorou se nossas vendas pelo site cresceram?". Veio então a resposta: "Você está acompanhando a métrica de vendas geradas pelas mídias sociais, certo? Ela mostra que a cada dez interações, duas vendas são geradas. Mas você se esqueceu de considerar as interações em que as pessoas se sentem invadidas e reclamam da marca. Isso acontece em 30% dos casos!".

Foi quando Marcelo percebeu que estava gerando resultados em vendas para a empresa, mas a um preço muito caro. À medida que gerava vendas no curto prazo, sacrificava as vendas a longo prazo.

Esse caso mostra como as métricas são fundamentais para a gestão de um negócio e para o trabalho com mídias sociais. Usá-las requer um planejamento detalhado para que falhas graves, como a descrita anteriormente, não aconteçam.

O "nível SMC" de uma empresa

O primeiro passo dentro do ciclo SMC na etapa de "Mensurar" é entender o nível de maturidade da empresa. Com isso, é possível tomar a decisão de desenvolver o projeto de monitoramento de mídias sociais dentro do nível atual, ou buscar uma evolução para atender aos objetivos de negócio. Na Figura 5.1, vemos uma maneira de tomar essa decisão. Na Figura 5.2, há uma tabela que ajuda a entender o nível de maturidade para cada benefício do monitoramento.

FIGURA 5.1
Árvore de decisão para definir o nível SMC de uma empresa

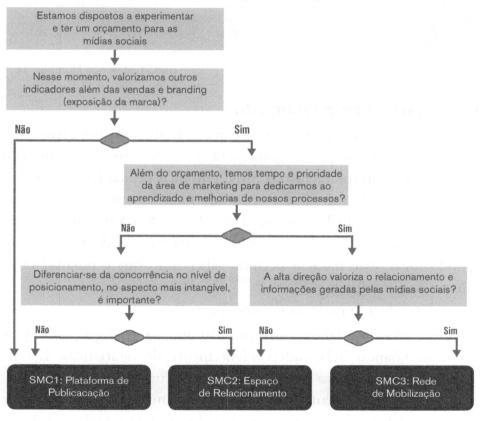

SMC Reference Number: 15

FIGURA 5.2
Os processos de uma empresa dentro dos níveis SMC

pontos	SMC1 1	SMC2 2	SMC3 3	pontuação da empresa
conteúdo e campanhas	servem principalmente para objetivos pontuais	geram conversação no médio prazo	são desenvolvidos em conjunto com os consumidores	sua pontuação
interação e atendimento	é uma transação	Servem para criar um relacionamento	evoluem procedimentos	sua pontuação
tomada de decisão	esporadicamente usa mídias sociais	Recorrentemente, leva em conta o monitoramento	para políticas da empresa usa as mídias sociais	sua pontuação
plano de negócios	tem inputs pontuais do monitoramento	tem o plano de marketing definido pelas mídias sociais	é acompanhado em todas suas partes pelo trabalho com **mídias** sociais	sua pontuação

SMC Reference Number: 16

O "escopo" do monitoramento

Entendido o nível de maturidade que a empresa vai atuar nas redes, chega o momento de pensar como será o monitoramento. O modelo de escopo de monitoramento da SMC tem duas utilidades. A primeira é deixar estabelecido desde o começo do planejamento do monitoramento o tipo de trabalho que será feito. Assim, ficará muito mais fácil tomar decisões, principalmente sobre a estruturação do projeto. Em segundo lugar, esse modelo permite saber tudo que é possível fazer com o monitoramento.

Um monitoramento pode ser de três tipos:

A. Ouvir: usado quando a organização quer saber o que as pessoas estão falando dela, independentemente de estatísticas. É uma atividade que busca perceber o cliente de um jeito mais intuitivo, sem, necessariamente, levar a uma ação imediata relativa ao que foi monitorado. Vejamos um exemplo: uma equipe de criação de uma campanha publicitária pode ouvir o que se fala nas mídias

sociais sobre a marca e, baseada na opinião de somente uma pessoa, ter um insight para o conceito do trabalho. Nesse sentido, usa-se muito a Netnografia, que, segundo a especialista no tema Tatiana Tosi, permite o aprofundamento "em alguns pontos micros para entender os símbolos que as pessoas, que se relacionam com a empresa, usam para construir suas personas no mundo virtual. É um método de pesquisa qualitativo.";

> "Ao analisar o que é dito nas mídias sociais sobre a empresa, é possível superar crenças erradas, como pensar que o público da marca é um quando na realidade é outro"
>
> **Tarcízio Silva**
> Coordenador de Monitoramento e Métricas na Coworkers

B. Contra-ação: usado quando a empresa tomará uma ação operacional e imediata a partir de menções feitas nas mídias sociais. O exemplo mais comum é o uso do monitoramento para uma operação de SAC 2.0, ou seja, quando alguém reclama da marca, o processo de monitoramento identifica e direciona a informação para que o problema seja tratado; e

C. Tomada de decisão: o monitoramento é usado para a tomada de decisões estratégicas na empresa. Ele afeta investimentos que serão realizados e abordagens a serem feitas. Ao contrário dos outros dois tipos, aqui as informações estatísticas e sua qualidade são fundamentais. Esse tipo de monitoramento pode ser usado, por exemplo, para decidir o lançamento de um novo produto.

Tendo em mente os benefícios que cada tipo de monitoramento pode trazer, parte-se para sua aplicação.

A. Marca: é monitorar uma marca específica. Exemplos: Nike, Adidas e Puma. Podemos entender que esse monitoramento se refere ao consumidor da marca em qualquer momento do seu processo de compra, seja na consideração, comparação, efetivação da compra, uso ou recomendação;

B. Evento: trata-se de monitorar a marca em um momento específico. No exemplo das marcas de tênis, seria acompanhar como o consumidor está se relacionamento com a empresa no momento específico de um novo comercial ou de um evento de corrida patrocinado por ela. Há um momento de começo e término; e

C. Temático: está relacionado ao tema que a empresa está envolvida. No exemplo da marca Nike, seria monitorar o que se fala de tênis em si, independentemente de a marca ou qualquer concorrente ser citado.

FIGURA 5.3
Checagens do nível SMC e escopo de um monitoramento

Nível SMC	☐	1, 2 ou 3
Escopo do monitoramento	☐	Tema
	☐	Evento
	☐	Marca
Aplicações do monitoramento	☐	Contra-ação
	☐	Ouvir
	☐	Tomada de Decisão

SMC Reference Number: 17

Assim, podemos estabelecer qual será o escopo do monitoramento a ser implantado e assim planejá-lo, estruturá-lo e gerenciá-lo.

A tendência é que se cobre uma grande qualidade estatística na captação dos dados e em sua análise. Mas a verdade é que isso nem sempre é necessário. Cada tipo de monitoramento exige uma qualidade estatística distinta, como mostra a Figura 5.4. A periodicidade do monitoramento também varia. Não faz sentido monitorar por tanto tempo um tema específico. Mas possuir um longo histórico sobre o que falaram de uma marca é essencial.

FIGURA 5.4
Características do escopo de um monitoramento

	Ouvir percepção intuitiva das pessoas ou em relação a algo	Contra-ação processo para ações imediatas em função da menção	Tomada de decisão informações de negócios para embasar escolhas estratégicas
qualidade estatística	inexistente	importante	fundamental
concorrentes (referência)	pouco importante	pouco importante	fundamental

SMC Reference Number: 18

FIGURA 5.5
Características das aplicações de um monitoramento

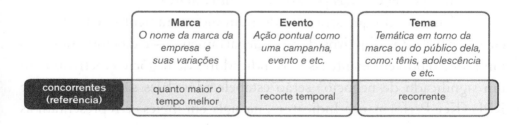

	Marca O nome da marca da empresa e suas variações	Evento Ação pontual como uma campanha, evento e etc.	Tema Temática em torno da marca ou do público dela, como: tênis, adolescência e etc.
concorrentes (referência)	quanto maior o tempo melhor	recorte temporal	recorrente

SMC Reference Number: 19

Escolhendo os "objetivos" e "métricas"

Depois de definir os objetivos do monitoramento, é preciso escolher as métricas. A escolha das métricas é um dos passos mais importantes e difíceis num trabalho de monitoramento. Isso porque a escolha incorreta de uma métrica pode gerar um desperdício de tempo, recursos e - pior ainda - pode acabar direcionando a empresa para o caminho errado.

Um dos erros mais comuns é encarar o sistema de métricas e mensuração de negócios com a expectativa de que ele será determinante para a tomada de decisões ou resolverá os problemas da organização. Não é raro ouvir no mercado expressões como: "eu tomo minhas decisões a partir de números" ou "minha decisão é perfeita porque os números captados por um computador me mostram o melhor caminho".

Essas visões são enganosas. O pesquisador de métricas para negócios Douglas Hubbard traduziu bem a verdadeira expectativa que se deve ter em relação a um sistema de métricas: "Mensuração é uma redução quantitativamente expressa de incerteza, baseada em uma ou mais observações". É muito comum, na gestão de uma empresa, confundir a redução da incerteza com a eliminação da incerteza. A diferença é sutil, mas pode prejudicar o negócio. Entender que as métricas reduzem a incerteza gera melhores decisões, mas pensar que a eliminam gera duas consequências: excesso de trabalho e decisões mal tomadas.

Não há dúvidas de que o entendimento do que é dito nas mídias sociais pode ser usado por toda uma organização. Mas é complexo e difícil mensurar a percepção das pessoas sobre uma marca.

A definição do que será medido num monitoramento de mídias sociais depende dos objetivos de cada departamento – e da empresa como um todo. Tendo em mente isso, os indicadores de negócio (métricas com um significado de negócio) serão estabelecidos. Eles são chamados de KPIs (Key Performance Indicators, na sigla em inglês) e representam as necessidades estratégicas da empresa. Dificilmente cada objetivo de negócio tem mais de três KPIs.

Além de KPIs, existem os dados de contexto. Eles são catalisadas de forma espontânea ou não. Pense no seguinte exemplo: para um monitoramento que atende a um objetivo da área de atendimento de aumentar a satisfação do cliente, podem ser escolhidos como KPI's a quantidade de reclamações dos clientes nas mídias sociais sobre o serviço e a porcentagem de elogios ao atendimento versus as críticas a ele. Note que nenhum desses indicadores considera a influência das pessoas nas mídias sociais, ou seja, o impacto que suas postagens pode ter. Dependendo da análise, é fundamental saber se as reclamações partem de pessoas com 50 seguidores ou 50 mil. Essa é uma métrica de contexto. Ela pode não ser acompanhada no dia a dia e nas apresentações, mas pode ser consultada para dar uma visão melhor do que está acontecendo.

> "As métricas de mídias sociais têm de estar ligadas ao objetivo de negócio da empresa"
>
> **Fernando Migrone**
> Especialista de Mídia e Marketing Digital na América Latina

FIGURA 5.6
Os papéis e diferenças dos dados e métricas na estratégia de uma empresa

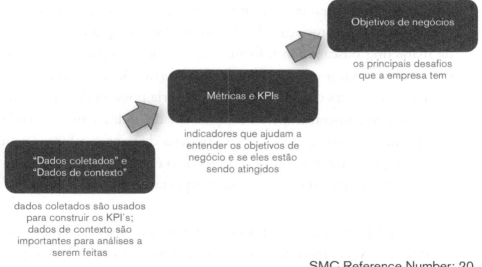

SMC Reference Number: 20

> "Mídias sociais não combinam com métricas padronizadas. Mídias sociais são mais amplas e têm vários entendimentos. O problema é que as pessoas tentam fazer uma unificação, criar um discurso único"
>
> **Ian Black**
> CEO da New Vegas

O modelo apresentado na Figura 5.6, em que as métricas são construídas de forma personalizada para a realidade de cada negócio, tem se mostrado o mais efetivo para a elaboração de indicadores. Como as mídias sociais refletem seres humanos, fica impossível determinar padrões aplicáveis a qualquer empresa.

Outro aspecto fundamental das métricas é perceber o que é o ideal e o que é possível ser acompanhado. No mundo ideal, poderíamos medir como o aumento do "número de fãs de uma marca numa determinada mídia social" faz as vendas crescer. Mas a realidade não é bem assim. Como veremos mais adiante, na maioria das vezes, não é possível fazer esse tipo de rastreamento.

Para cada objetivo de negócios, há um ou mais KPIs que serão acompanhados. Vejamos o exemplo:

- Uma empresa de sapatos acompanha um indicador atrelado à satisfação do cliente. A área de marketing digital percebe um aumento da insatisfação dos clientes nos últimos três meses. O dado isolado é pouco útil para a produção de um diagnóstico adequado. O gerente de marketing busca então informações de contexto não estratégicas que podem explicar o caso. Uma dessas informações é o perfil demográfico dos clientes da empresa. Com ela, seria possível descobrir que a insatisfação aumentou apenas em uma cidade onde a empresa vende seus produtos. Assim, a organização poderia direcionar esforços para reverter o problema no local. Como revela o exemplo, o dado de contexto mostra o que está por trás do comportamento de um KPI.

Tanto os KPIs quanto os dados de contexto devem ser escolhidos segundo o critério: "Qual métrica vai gerar o máximo de valor para o objetivo de negócios estabelecido?". O que normalmente é confundido quando se pensa que uma métrica complexa é melhor que uma simples. Tome o exemplo de uma métrica básica, como a quantidade de pessoas jovens impactadas com uma mensagem. Ela pode ser extremamente estratégica para uma marca que tem o objetivo de tornar um novo produto conhecido entre o público jovem.

> "O estratégico não está relacionado à simplicidade ou à complexidade da métrica, mas sim ao valor da informação que ela traz consigo"
>
> **Luana Baio**
> Coordenadora de Buzz Intelligence da dp6

Quando pensamos nos objetivos de negócio da empresa, não há certo nem errado. Não há nada de errado em usar uma métrica baseada na quantidade de compartilhamentos de uma mensagem como KPI quando se deseja medir o resultado de uma campanha de divulgação da marca (branding). Mas, se pensarmos na maturidade da empresa como um todo, veremos que há métricas mais evoluídas.

FIGURA 5.7
Modelagem SMC de métricas em mídias sociais

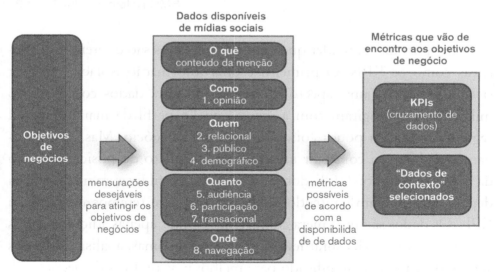

SMC Reference Number: 21

Os tipos de dados que permitem a construção de métricas de mídias sociais estão detalhados na Figura 5.8.

FIGURA 5.8
Tipos de dados de mídias sociais

	definição	exemplo
1. opinião	julgamento de valor / opinião a respeito sobre algo	sentimento positivo, neutro, negativo, gostei, não gostei, recomendação ...
2. relacional	sua capacidade de ser visto e poder de influência	compartilhamentos de conteúdos e informações ...
3. público	perfil de quem está interagindo / mencionando	influenciador, consumidor, público ...
4. demográfico	identidade dos indivíduos	sexo, idade, localização ...
5. audiência	alcance da menção identificada	seguidores, impressões de anúncio, cliques, tempo de acesso ...
6. participação	qual parcela da audiência interagiu com o conteúdo monitorado	comentários, mensagens, respostas, compartilhamentos ...
7. transacional	relacionados a compra e venda	Produtos comprados, taxa de recompra ...
8. navegação	trajetórias e usos de acessos a sites	fonte de acessos, páginas visitadas, taxa de rejeição ...

SMC Reference Number: 22

É importante entender que "dados" coletados são diferentes de métricas como os KPIs. O primeiro é uma informação isolada, que por si não demonstra um aspecto do negócio. Assim, dados como "cinco mil pessoas interagiram com a marca" ou "o perfil da marca tem mil seguidores" dizem pouca coisa em termos de negócio. Mas, se combinamos dados para construir informações a respeito do posicionamento da marca (Exemplo: "10% dos seguidores do perfil fizeram uma compra depois de ver algum conteúdo publicado"), aí sim teremos métricas ou KPIs. Os dados são uma mera contagem: "Contar apenas adiciona dados e gera uma soma. Mensurar leva em conta essas somas, analisa o que elas significam e usa esse significado para melhorar as práticas de negócios"[1].

É preciso tomar cuidado para não confundir um dado de mídias sociais com uma métrica. Qualquer um dos oito dados mencionados na Figura 5.8[2], se acompanhados de forma isolada, geram uma visão distorcida e pouco estratégica de uma marca nas mídias sociais. Vale notar

> "A audiência ou presença é um meio, uma estratégia para algo, e não um fim em si"
>
> **Fernando Migrone**
> Especialista de Mídia e Marketing Digital na América Latina

que a audiência precisa ser complementada, ela representa a intensidade, mas não o direcionamento, se o objetivo foi alcançado ou não.

Outro detalhe importante é que nessa tabela de referência preferimos chamar os dados relacionados a comentários recebidos e compartilhamentos de mensagens emitidas pela empresa de *participação*, em vez de *engajamento* como muitos usam. Isso porque entendemos que o termo *engajamento* pode confundir esses conceitos. É só pensar numa marca que postou no Twitter o texto: "Conheça o novo carro que começaremos a vender". Alguém que compartilhou essa mensagem pode ter feito isso porque achou o novo carro bonito, mas é praticamente impossível dizer que se trata de uma pessoa engajada. Isso porque o engajamento só é percebido ao longo de um grande espaço de tempo. Raramente, uma interação reflete algum tipo de engajamento. Alguém está engajado com uma marca quando faz sua defesa e a divulga em diferentes contextos.

Métricas: dados transformados em conhecimento

Quando a empresa conhece com clareza a diferença entre dados e métricas, o monitoramento de mídias sociais pode ajudar na transformação de dados em informação e, por sua vez, em conhecimento. No mundo da inteligência aplicada a negócios, já está mais do que consolidada a separação entre *dado*, *informação* e *conhecimento* pela profundidade e impacto no negócio. Saber diferenciar cada um deles é fundamental para o planejamento de um monitoramento.

De forma geral, dado é a forma mais bruta de trazer alguma observação: é um símbolo que representa a realidade – por exemplo, uma marca foi citada 427 vezes essa semana. É um dado bruto que tem como única função descrever um fato.

Informação é um amontoado de dados que consegue passar algum significado – é mais que um recorte de realidade, é a análise de vários fatos. No caso de monitoramento, por exemplo, é dizer que uma marca tinha 427 menções na semana passada (dado 1) e que essa semana o valor se alterou para 896 (dado 2), em decorrência da campanha promocional que foi feita (dado 3).

Conhecimento é quando se aplica um filtro de intencionalidade sobre a informação. No caso de monitoramento, pode-se usar o olhar de negócio. Exemplo: a informação de que houve um aumento no número de citações da marca em decorrência da campanha promocional mostra para o gerente de marketing que 50% eram menções positivas, das quais 60% indicava intenção de compra.

FIGURA 5.9
Produtos comprados, taxa de recompra ...

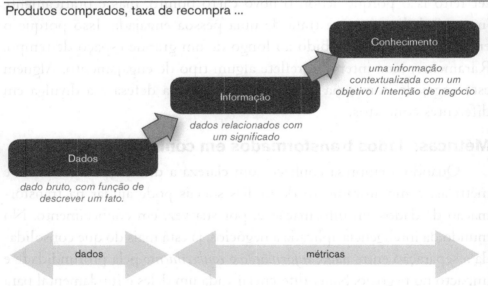

SMC Reference Number: 20

Usando métricas como índice

Dependendo da complexidade do que se deseja medir, como o relacionamento das pessoas com uma marca, as métricas com dados isolados não são suficientes. Para casos assim, existem os índices, que são equações baseadas em dados capturados. Há diversos índices criados por instituições e autores que podem ser adotados, mas o ideal é estabelecer índices próprios ou adaptar os existentes de acordo com os objetivos de negócio.

Num artigo intitulado "Social Marketing Analytics!"[3], o Altimeter Group divulgou uma lista de índices que podem ser usados para medir diferentes aspectos nas mídias sociais. Em seguida, apresentamos alguns desses índices, os cuidados que devem ser tomados quando usados e evoluções possíveis.

- "Share of Voice": mede a porcentagem do que é falado da marca nas mídias sociais frente aos concorrentes; é equivalente ao "Market Share". Ele pode ser evoluído para mostrar não apenas a quantidade bruta de menções, mas "o quê" e com que "opinião" a marca é citada. Assim, pode ser interessante ter mais de um índice de "Share of Voice". Às vezes, calcular o "share" de pessoas recomendando a marca em relação aos concorrentes pode ter mais significado que mensurar as menções em geral. Ou então, para um objetivo de atendimento ao cliente, por exemplo, em que o nível de satisfação é estratégico, pode-se calcular o "share" de reclamações frente aos concorrentes;

- "Advogados da marca ativos": calcula as pessoas engajadas à marca que estão ativos. Do total de usuários de mídias sociais identificados como engajados (segundo o plano de classificação do monitoramento, que veremos adiante), quantos geraram algum sentimento positivo em relação a marca nos últimos trinta dias. Essa é uma métrica que leva a empresa a acompanhar não só a quantidade de pessoas engajadas, mas sua atividade nas mídias sociais;

- "Taxa de sentimento": calcula a proporção de menções classificadas com cada tipo de sentimento (positivo, negativo e neutro) em relação ao total de menções. Assim, em vez de acompanhar apenas o número absoluto de menções positivas, negativas e neutras, vemos a participação de cada tipo num contexto geral; e
- "Imagem": serve para dar um número consolidado de como a marca está nas mídias sociais. Dá um panorama geral da proporção de menções positivas e neutras frente ao total de menções.

A comparação com a concorrência em qualquer nível é outro índice que pode ser usado como métrica. Se for importante (e ao mesmo tempo difícil) atrelar a audiência, opinião ou participação a mais informações do negócio, é de grande relevância fazer comparações com a concorrência.

FIGURA 5.10
Índices para métricas de mídias sociais

$$\text{Share of Voice} = \frac{\text{Menções da marca}}{\text{Menções da marca + concorrente A + B + C...}}$$

$$\text{Advogados da marca ativos} = \frac{\text{Número de engajados* ativos (dentro de 30 dias)}}{\text{Total de engajados* da marca}}$$

$$\text{Taxa de sentimento} = \frac{\text{Menções positivas}}{\text{Total de menções}} \quad \frac{\text{Menções negativas}}{\text{Total de menções}} \quad \frac{\text{Menções neutras}}{\text{Total de menções}}$$

$$\text{Imagem} = \frac{\text{Menções positivas + neutras - negativas}}{\text{Total de menções da marca}}$$

*dentro das premissas definidas pelo monitoramento, representadas no "plano de classificação"

SMC Reference Number: 24

As métricas de mídias sociais e os níveis de maturidade SMC

Como foi falado anteriormente, não existe uma métrica ideal para ser usada por uma empresa. A mais indicada é aquela que melhor representa o objetivo a ser atingido. Porém, quando analisamos de forma estratégica a organização como um todo, vemos que há métricas mais relacionadas com os níveis SMC1, SMC2 ou SMC3. Se uma empresa quer estar no nível SMC3, mas possui muitas métricas do nível SMC1, é um sinal de que elas precisam ser revistas. Esse momento é muito interessante, pois é quando o trabalho de mídias sociais passa não só a ser afetado pela estratégia organizacional, mas passa a afetar a estratégia da empresa. Independentemente do nível SMC, o trabalho com mídias sociais começa ser pautado por uma visão de negócios. Ele não só recebe as demandas da alta liderança, mas começa a interagir. Cria-se assim um ambiente de aprendizado em duas vias.

Para definir o nível de maturidade de uma métrica, deve-se analisar qual premissa relacionada ao ato de compra do cliente está sendo usada. No nível SMC1, as mídias sociais são vistas como uma mídia. A lógica é a seguinte: quanto maior a exposição mais as pessoas vão lembrar-se da marca e comprarão seus produtos. Mas essa estratégia de olhar apenas o topo do funil de vendas (consideração da marca) pode levar a um cenário com muita exposição, mas baixíssima conversão. Isso porque o foco fica apenas no início do processo de venda (como mostra a figura na próxima página).

No nível SMC2, há uma preocupação com a qualidade da transmissão da mensagem da marca para o cliente. Nesse caso, há pouco ruído e dispersão do público. A exposição da marca não é vista como um fim em si. A máxima "uma mentira repetida muitas vezes se torna uma verdade", que funcionava na década de 50, é colocada em cheque.

Quando pensamos no nível SMC3, o trabalho de mídias sociais extrapola o mundo digital e vai à raiz do problema que gera as interações e opiniões negativas. O mesmo acontece para identificar os aspectos positivos da marca. É mais trabalhoso sim. Mas com um impacto nos negócios muito maior!

A diferença entre usar métricas do tipo SMC1, SMC2 ou SMC3 terá reflexos no funil de vendas, como é mostrado no gráfico abaixo. Repare que no nível SMC1 o funil de vendas tende a ser largo no topo, ou seja, há bastante exposição, mas pouca avaliação e conversão (venda). Na prática, uma empresa nesse nível pensa em fazer infinitas propagandas, mas não se preocupa com as recomendações que as pessoas estão fazendo.

Já uma empresa que usa métricas do nível SMC2 possui uma preocupação maior com a qualidade da exposição. Logo, o funil de vendas passa a ser mais largo que no nível SMC1: há mais vendas geradas no final do processo.

No nível SMC3, a comunicação e a empresa como um todo potencializam as vendas no longo prazo. O problema é que quanto maior o tempo de resposta de uma ação mais dificilmente ela será valorizada no mundo corporativo.

FIGURA 5.11
Métricas e resultados de acordo com cada nível SMC

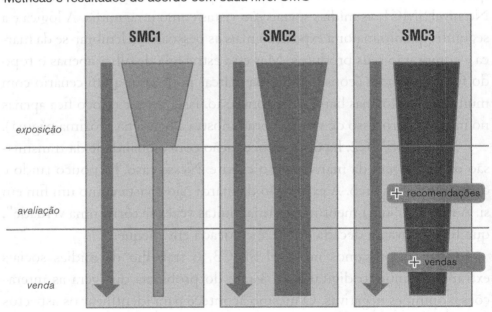

SMC Reference Number: 25

Em resumo: métricas de mídias sociais e níveis de maturidade

Métricas do nível SMC1:

- semelhantes às métricas da mídia tradicional, principalmente TV;
- avalia-se a "audiência" bruta acumulada (quantidade de fãs ou seguidores nas mídias sociais ao longo do tempo);
- considera-se o volume de replicações de uma mensagem; e
- em vez de criar conteúdos com apelo estratégico, empresas nesse nível de maturidade buscam transmitir mensagens que visam somente a "audiência".

Métricas do nível SMC 2:

- a métrica de sucesso da marca está atrelada a mensagem;
- o que motiva a replicação de uma mensagem é o conteúdo, relacionado a um atributo da marca;
- acompanha-se a quantidade e a qualidade das interações (quais são as percepções das pessoas); e
- o número de recomendações sobre a marca passa a ser um KPI, e as interações são feitas de modo a impactar esse indicador.

> "Uma empresa que quer usufruir das mídias sociais de verdade, não pode usar métricas de broadcast, mas de socialização"
>
> **Luciano Palma**
> Community Manager
> da Intel para Servidores

Métricas do nível SMC 3:

- analisa-se quanto a empresa e seus produtos são recomendados;

Vale lembrar que os níveis SMC não são excludentes. Uma empresa no nível SMC3 pode usar métricas dos demais níveis, como mostra a Figura 5.12. As métricas de fãs e seguidores, por exemplo, não podem ser ignoradas num trabalho de mídias sociais. A única diferença é que numa empresa SMC3 elas são um meio; numa empresa SMC1, são um fim em si.

FIGURA 5.12
Tipos de métricas em mídias sociais para cada nível SMC

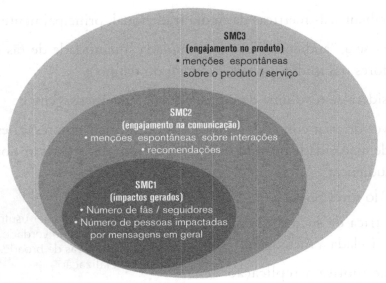

SMC Reference Number: 26

A análise de sentimento nas métricas

A análise de sentimento dos dados coletados nas mídias sociais é fundamental para direcionar as decisões de uma empresa. Mas fazer esse tipo de avaliação não é uma tarefa simples. Dois aspectos importam nesse processo: o alinhamento das premissas da análise com os objetivos do negócio e a consistência do trabalho ao longo do tempo.

Pense nos seguintes exemplos: uma pessoa compartilha a menção "eu adoro essa marca de geladeira"; outra diz "essa marca de geladeira consome energia demais". Dificilmente, haveria dúvidas quanto ao sentimento passado pelo conteúdo da mensagem. Em muitos casos, porém, o que se vê são menções dúbias, como "eu adoro essa marca de geladeira, mas o novo modelo que lançaram é feio!". Quando acontece isso, fica a dúvida: trata-se de uma menção positiva, já que a marca foi elogiada, ou negativa, porque o novo produto foi criticado? O que está certo?

Na verdade, mais que se preocupar com esse tipo de debate filosófico, é fundamental compreender qual informação relevante os dados referentes a uma análise de sentimento trazem para a empresa do ponto de vista estratégico.

> "O maior risco em um trabalho de mídias sociais é não conseguir entregar resultado, sendo que resultado não é falar, necessariamente, positivamente. Temos de desmistificar o positivo"
>
> **Roberta Rocha**
> Coordenadora de
> Mídias Sociais da Aorta

Vejamos outro exemplo. Um restaurante de alto nível tem como posicionamento ser visto como o melhor e mais caro espaço de comida italiana da cidade. Quando alguém posta uma mensagem dizendo "nossa, esse restaurante é muito caro!", é possível classificá-la como uma menção negativa. Na prática, porém, o post é um negativo que está próximo da proposta de valor da marca. É um tipo de negativo diferente daquele que pode ser visto numa mensagem como "não vou mais a esse restaurante, a higiene é péssima". Os dois textos possuem um conteúdo negativo, mas impactam de forma diferente o negócio.

Esse caso mostra como devemos tomar cuidado com as métricas de sentimento. O contexto do negócio vale mais que o significado da mensagem em si. Na segunda parte deste livro, serão abordadas técnicas para a definição de análise de sentimento em um monitoramento.

Integração de métricas

As mídias sociais são uma grande ferramenta não só de interação e comunicação, como de negócios. As informações que podem ser capturadas têm um grande valor para qualquer tipo de empresa. Sua relevância se torna maior quando integradas a dados do tipo on-line e off-line.

Até então estávamos falando de métricas do tipo *social*, que são as referentes ao que acontece nas mídias sociais. Mas também podemos

integrá-las com métricas on-line, que são as informações obtidas dos sites da marca, de banners veiculados e de campanhas de links patrocinados. Há um terceiro tipo de métricas que são os indicadores off-line. Eles dizem respeito às vendas, à fidelidade de clientes e a índices de qualidade.

O cruzamento de métricas do tipo social com métricas on-line e off-line potencializa o valor da informação e se torna uma fonte riquíssima para a tomada de decisão. Apesar dos benefícios que pode trazer, esse tipo de cruzamento é raro. Primeiro, porque há barreiras tecnológicas. Integrar bases que estão em locais e sistemas diferentes não é fácil. Em segundo lugar, porque há uma barreira "política". As informações estão espalhadas por departamentos estanques, agências e prestadores de serviço da empresa.

Para conseguir superar esses desafios, é necessário um esforço muito grande dos tomadores de decisão da empresa. Há casos de empresas que obrigam seus fornecedores a trocarem informações como condição básica para prestarem serviços. Com o passar do tempo, as pessoas deixam de enxergar a troca de informações como uma obrigação e passam a fazê-lo de um jeito mais espontâneo e pró-ativo. Isso porque percebem os ganhos desse tipo de integração.

Métricas para medir o retorno do investimento (ROI)

O tema mais debatido e polêmico sobre mídias sociais é o cálculo do ROI (retorno do investimento). Essa conta é feita assim: pega-se os investimentos feitos nas mídias sociais e analisa-se quais geraram mais vendas ou menos custos. O grande objetivo é saber se está valendo a pena colocar dinheiro em uma iniciativa e decidir se os gastos serão mantidos.

Quem trabalha com mídias sociais costuma sofrer uma grande pressão para calcular o ROI e provar que vale investir nesse tipo de trabalho. Essa postura é natural para áreas novas do conhecimento, como as mídias sociais. Nesse contexto, não há segurança e clareza sobre a importância das novas áreas, o que, muitas vezes, pode prejudicar sua aplicação e aprendizado. Mais adiante mostraremos, porém,

que, em alguns casos, o cálculo do ROI é muito interessante, enquanto em outras situações ele pode gerar riscos e perda de oportunidades para o negócio.

A fórmula para o cálculo do ROI é baseada nas receitas geradas ou custos reduzidos frente a um determinado investimento. É importante tomar cuidado para não confundir a margem das receitas geradas com as vendas brutas.

Há diversas maneiras de calcular o ROI[4]. Os três tipos principais são:

1. ROI por impacto nas vendas imediatas
- Vendas: vendas do produto ou serviço por cliente ou por período;

2. ROI por impacto nas vendas ao longo do tempo
- Taxa de Churn: quantidade de clientes que pararam de consumir o produto ou serviço em comparação com os que continuam fiéis a empresa;
- Customer Value Lifetime: o valor de todo caixa gerado a partir do relacionamento com o cliente (compras imediatas e ao longo do tempo);

3. ROI por redução de custos
- Qualidade: que gera menos retrabalho e atendimento;
- Trabalho reduzido: menor gasto de recursos humanos, contratação de terceiros ou uso de material.

Mas conseguir essas informações não é tão simples quanto parece. É preciso haver algum método de isolamento de resultados. Tome este exemplo. Uma montadora de carros lançou uma campanha para aumentar as vendas de seus modelos de luxo. Para isso, enviou e-mails para a base de clientes de suas concessionárias, investiu em inserções na televisão e realizou ações especiais junto a blogueiros e formadores de opinião nas mídias sociais. Durante o período da campanha, foram vendidos 20 mil carros. Mas como saber quantos veículos foram vendidos por causa das ações nas mídias sociais? É preciso isolar os dados. Como? Podemos listar alguns métodos:

- Rastreamento (tracking): consiste em usar recursos tecnológicos para rastrear de onde veio o comprador. No exemplo da campanha de carros, seria possível fazer com que o usuário de internet preenchesse um cadastro on-line de intenção de compra. Daria para rastrear quem clicou no link da campanha postado numa mídia social e depois finalizou a compra em alguma concessionária. Ou indicar códigos específicos nos anúncios. Ao realizar a compra, o cliente teria de informar o número;

- Grupo de controle: consiste em acompanhar um grupo que não foi afetado pelas mídias sociais e outro que foi afetado. Esse método pode ajudar muito em campanhas que ocorrem em vários canais (o que é o mais comum). Assim, na campanha dos carros, um grupo de clientes que só viu as inserções na televisão seria acompanhado. Em seguida, a porcentagem daqueles que compraram o carro seria comparada com a de um grupo que, além da televisão, acompanhou a campanha nas mídias sociais. Se o segundo grupo possuir a mesma taxa de venda do primeiro, a campanha nas mídias sociais foi inerte. Se possuir uma taxa maior, as mídias sociais podem ter impulsionado as vendas;

- Análise de tendência: analisa-se o histórico de vendas ou custos. Por meio de uma associação temporal atribui-se um aumento de receita ou diminuição de custos a uma iniciativa nas mídias sociais. Esse método se mostra mais fácil quando se refere a custos internos do que a vendas. Isso porque nas vendas há muitos fatores fora de controle, como desempenho da economia, desemprego e ofertas de concorrentes;

- Modelos estatísticos preditivos: são aplicações matemáticas feitas no banco de dados da empresa que permitem distinguir quanto cada ação impactou nas vendas e custos da empresa;

- Percepção de pessoas: são questionários e pesquisas feitos com gerentes, funcionários e clientes. No exemplo da campanha dos carros, poderia ser perguntado para os gerentes de concessionárias se eles perceberam, depois de uma campanha nas mídias sociais, uma diferença no movimento. Ou poderia ser pedido para cada cliente preencher um formulário assinalando como ficou sabendo da promoção;

- Dados de mercado: são dados que dizem o que acontece no mercado como um todo. Acompanhando dados gerais do mercado é possível separar movimentos naturais do mercado com atividades da empresa. Por exemplo, depois de uma série de ações nas mídias sociais é percebido um aumento nas vendas de 20%. Porém, há influência de fatores externos como taxa de desemprego, crédito e etc. Se é sabido que o setor em que a empresa está inserida cresceu em geral 15%, é possível associar que, na verdade, as ações em mídias sociais foram responsáveis por 5% de aumento nas vendas (os outros 15% foram naturais do contexto); e

- Monitoramento das mídias sociais: por meio de menções relacionadas à intenção de compra, por exemplo, é possível aferir o ROI.

Definidos os indicadores de aumento de receitas ou redução de custos, é chegada a hora de calcular o ROI. Para isso, usa-se a seguinte fórmula:

FIGURA 5.13
O cálculo do ROI (retorno do investimento)

ROI significa o "Retorno do investimento" de um projeto dentro de uma empresa. A sigla em inglês representa *Return of Investment*

$$ROI = \frac{\text{margem de receita gerada} - \text{custos totais}}{\text{custos totais}}$$

SMC Reference Number: 27

Nessa fórmula, considera-se a margem da receita gerada e os custos totais. Aplicando isso ao trabalho de mídias sociais, o resultado será quanto é retornado para cada real investido. Em vez disso, normalmente o valor das vendas brutas é usado em porcentagem. Assim, toda ação deve ter, no mínimo, 101% de ROI. Quer dizer que para cada R$ 100 investidos é retornado R$ 101. Se o ROI estiver em 100% ou abaixo, deve-se repensar a ação.

Apesar de essa fórmula existir há muito tempo no mundo dos negócios, é comum confundir "margem de receita gerada" com "vendas brutas" e o valor de um "custo específico" com os "custos totais". O que claramente pode levar a enganos. Porque podem ser geradas vendas sacrificando as receitas de um lado e quanto aos custos podem ser omitidos custos importantes.

Na sequência, está o exemplo de uma campanha em mídias sociais e as duas maneiras de se calcular o ROI. O cálculo é baseado em vendas brutas e custos específicos. O caso representa como poderia ser feito o cálculo para uma promoção nas mídias sociais de uma rede de cinemas. A ação consiste na distribuição de descontos exclusivos para os participantes nas mídias sociais.

FIGURA 5.14
O cálculo do ROI em mídias sociais de forma realista

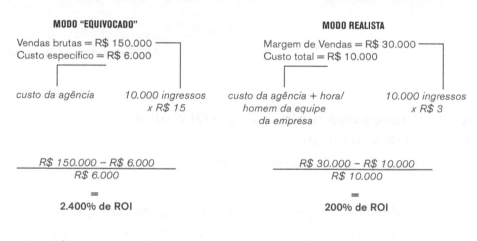

SMC Reference Number: 28

FIGURA 5.15
Método SMC para o cálculo de ROI das ações nas mídias sociais

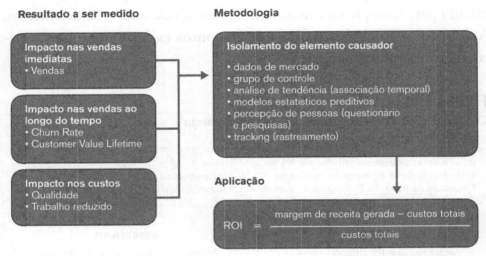

SMC Reference Number: 29

As limitações das métricas de ROI e uma alternativa estratégica

Diferentes fatores podem comprometer o cálculo do ROI. Alguns deles são:

A. **Dificuldade de capturar dados:** muita gente diz que na internet "tudo é rastreável", mas nas mídias sociais as coisas não são tão simples assim. As mídias sociais não costumam permitir o rastreamento de seus usuários por questões de privacidade e as compras podem ocorrer sem que a empresa consiga distinguir de onde veio o cliente;

B. **O maior benefício das mídias sociais não é transacional:** a pesquisadora Katie Delahaye diz que "não é o número de clientes e empregados que uma empresa possui que importa, mas sim o relacionamento que a organização tem com eles". Assim, ao contrário de diversas estratégias de vendas, o maior benefício para os negócios é gerar relacionamento, formar uma comunidade em torno de uma marca. O que é extremamente importante para uma marca, mas ao mesmo tempo um tanto intangível e de longo prazo;

C. **Muitas vezes, o que há de mais escasso nas empresas não é o dinheiro. É tempo e energia**: a televisão sempre recebe a maior parte dos investimentos, apesar de seu alto custo, mas isso acontece porque a energia a ser dispendida numa inserção no horário nobre de um canal é muito baixa; e

> "É preciso ter cuidado para não esquecer a cultura da empresa enquanto se pensa apenas no ROI. Com mídias sociais se cria um compromisso, pelo menos de médio prazo. E a questão fundamental é se a empresa está se preocupando com o relacionamento, se isso está na sua natureza, se há uma cultura interna que valoriza isso."
>
> **Rene de Paula**
> Diretor de Novos Negócios da Cubo.cc

D. **Um resultado não é gerado por uma única ação**: quando pensamos em ROI, é necessário ter em mente que os resultados não são alcançados por ações isoladas, mas por um conjunto de fatores — e por um contexto favorável. Hoje, claramente, os negócios são influenciados por diversos fatores, tanto tangíveis quanto intangíveis. E esse segundo fator vem tendo cada vez mais importância.

Esse último ponto é fundamental porque, dependendo como olhamos os resultados, pode gerar uma grande ilusão. Na prática, acontece uma sequência de fatores de dois tipos: fatores ambientais e ações da empresa.

Pense no caso de uma marca de café premium. Como fatores ambientais temos: inverno rigoroso, economia aquecida e concorrentes aumentando os preços. Nesse cenário, a empresa realizou as seguintes ações: contratou o melhor especialista do país para melhorar o processo de produção do café, negociou com os varejistas que comercializam seu produto para terem melhores condições de pagamento e tornou a gestão mais participativa, o que aumentou a satisfação dos funcionários e o gosto por trabalhar na empresa. Além disso, por ser um café diferenciado, é comum surgirem dúvidas sobre a melhor forma de usá-lo. Pensando nisso, a empresa melhorou o atendimento por telefone, como também usou seus canais nas mídias sociais para dar dicas e resolver questões de como fazer receitas com o produto. Por último, lançou uma promoção na televisão para quem comprasse o café. Depois de três meses, as vendas aumentaram em 40% e as metas do ano foram alcançadas.

Em uma perspectiva reducionista, ao usar uma parte do processo como se fosse o todo, os gestores da marca de café diriam que a promoção na televisão foi responsável pelos 40% de vendas. Mas ele foi apenas o último evento de uma sequência que possibilitou o sucesso da promoção. Se não tivesse tão frio e com a economia aquecida, as pessoas consumiriam um café tão caro? Se os colaboradores não estivessem tão satisfeitos, gerando um produto de qualidade e se relacionando bem com os clientes, o sucesso seria o mesmo? A verdade é que a gestão reducionista ignora esses fatos e se prende apenas ao último evento. Como consequência, todos da empresa se prendem muito mais ao tangível que traz efeitos no curto prazo. Por isso, as empresas tendem a investir tão pouco na estrutura de atendimento e tanto em comerciais quando pensam em inovar. Elas investem em P&D e se preocupam em ser a primeira a fazer e anunciar para todos os cantos, em vez de simplesmente fazer um produto relevante, que ajude seu cliente.

Esse comportamento das empresas se deve a diversos fatores, entre eles:
- Históricos: o modelo de empresa em voga surgiu na revolução industrial, quando os processos mecânicos eram mais importantes do que as conexões geradas com as pessoas;
- Emocionais: os gestores gostam de ter "sensação de controle", uma visão reducionista gera esse tipo de sensação de que se pode controlar os resultados como se controla o volume de um rádio;

- Econômicos: a economia atual é baseada na bolsa de valores em que há milhões de investidores enlouquecidos para ter ganhos no dia seguinte. Isso se reflete nas empresas. Elas passam a ser pouco afetadas pelos resultados que virão daqui a um ano ou dois e se focam totalmente nos resultados do trimestre.

FIGURA 5.16
Gestão de resultados e retorno nas empresas

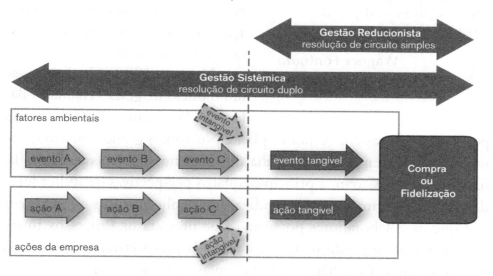

SMC Reference Number: 30

No caso das mídias sociais, fica claro porque a maioria das empresas as veem como uma mídia (nível SMC1). Isso porque a parte de mídia, apesar de ser a menor, é a mais tangível a curto prazo. A consultora de gestão Cristina D'arce conseguiu ilustrar esse modelo reducionista quando falou que as empresas têm de tomar cuidado com o líder Batman, que alcança seu objetivo prendendo o vilão, mas para isso destrói toda a cidade. Essa é uma metáfora que, infelizmente, acontece muitas vezes. A empresa atinge os lucros e as vendas tão almejadas, mas destrói o relacionamento com os clientes, funcionários e fornecedores.

> "Podemos perceber que os benefícios das ações em mídias sociais afetam toda organização, diminuem custos e norteiam vendas. É só pensar que um bom trabalho em mídias sociais leva a menos ações jurídicas, recrutamento mais fácil para o RH, transmissão mais fácil da mensagem de marketing, fidelização maior depois da venda e etc."
>
> **Wagner Fontoura**
> CEO da Coworkers Redes Sociais

O ROI então é o vilão da história? Nunca deve ser usado dentro de uma empresa? De forma alguma, como mostra a figura da página anterior. A gestão sistêmica é inclusiva e não se opõe à gestão reducionista. Uma visão mais ampla permite perceber que os impactos financeiros são causados tanto por ações recentes e tangíveis como distantes e intangíveis.

Nos anos 1990, popularizou-se um modelo de gestão chamado Balanced Scorecard (BSC). Criado pelos especialistas em gestão Kaplan e Norton, o grande mérito desse método foi trazer para o dia a dia dos negócios métricas além das financeiras. O BSC tem, a princípio, quatro perspectivas de indicadores de negócio. A primeira é a Aprendizagem (conhecimentos e competências que os colaboradores possuem), que impacta os Processos Internos (qualidade e produtividade), a segunda perspectiva. Os Processos Internos atingem o Cliente (que fica mais satisfeito e tem uma maior retenção), a terceira perspectiva. O Cliente, por sua vez, afeta as Finanças (mais receitas e menos despesas). O grande mérito do BSC foi revelar a importância de métricas que geram um impacto financeiro indireto, como treinamento e satisfação do cliente, para o centro da atenção de todos da organização.

FIGURA 5.17
Modelo SMC de gestão sistêmico de resultados de negócios

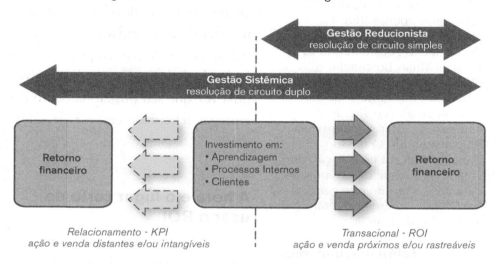

SMC Reference Number: 31

Na Figura 5.17, vemos que em todas essas perspectivas há um lado transacional e outro de relacionamento. Numa organização eficiente, recebem valor igual, pois tanto um quanto o outro são importantes para perpetuar o negócio. Assim, na perspectiva de Aprendizagem, há tanto indicadores que geram um impacto claro, como funcionários saberem inglês para vender no mercado americano, quanto indiretos, no caso de um curso mostrando a importância de atender bem o cliente no pós-venda. O critério para investir nesse tipo de atividade é o quanto ela afeta o tipo e o posicionamento de negócio. É nesse momento que surgem os KPIs em vez do ROI. Enquanto o ROI é científico, o KPI vem de uma "Escolha Estratégica", termo criado pelos autores de gestão Hamel e Prahalad.

A Zappos, um e-commerce de calçados dos Estados Unidos, se tornou referência no uso das mídias sociais pelas empresas por ultrapassar o faturamento de 1 bilhão de dólares sem fazer publicidade para isso (processo transacional). Isso porque seu fundador, Tony Hsieh, não se sentia bem

> "A pressão para atuar em mídias sociais não deve considerar apenas ROI. É preciso estabelecer outros KPIs de avaliação considerando as características do canal e o objetivo da empresa. Na Philips, o trabalho nas mídias sociais veio de uma necessidade da empresa de estar mais próxima do consumidor. O nosso principal KPI é a construção de uma comunidade de promotores da marca. Mais do que gerar uma venda, queremos gerar advogados da marca"
>
> **Fabrício Guimarães**
> Gerente de Marketing On-line da Philips

em investir em propaganda enquanto poderia fazê-lo no atendimento ao cliente (processo de relacionamento), invertendo a prioridade que normalmente acontece nas empresas, privilegiando o longo prazo (intangível, uma vez que seu posicionamento era entregar felicidade em vez de calçados)[5].

A hora e o lugar certo de usar o ROI

Vimos até aqui que a questão central não é usar o ROI ou deixá-lo de lado, mas sim quando usá-lo! Se estamos diante de um processo em que a ação e o impacto nas vendas é próximo e tangível (transacional), é altamente recomendável usar o ROI. No entanto, se a ação fortalece mais o relacionamento e acaba impactando nas vendas de forma mais intangível, deve-se pensar mais em KPIs importantes para o negócio, porque pelo ROI é difícil medir essa iniciativa. Como vimos anteriormente, passa a ser altamente custoso e complexo aplicar o ROI em situações desse tipo – provavelmente, seja melhor pensar em BOI (Benefits on Investment, Benefícios do Investimento), em vez de ROI (Returno on Investiment, Retorno do Investimento), e passar a usar KPI´s. Na Figura 5.18, apresentamos em quais situações fica mais fácil usar o ROI.

FIGURA 5.18
Matriz SMC de adequação de métrica ROI x KPI

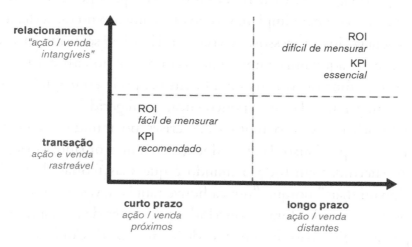

SMC Reference Number: 32

Para conseguir aplicar essa distinção no dia a dia de uma organização, é necessário que ela esteja em equilíbrio entre quanto ela é gerida em comparação ao quanto é gerenciada. A tendência das empresas no contexto atual é elas serem mais gerenciadas do que geridas pelos fatores históricos, emocionais e econômicos colocados anteriormente.

O mais importante teórico da administração do século 20, Peter Drucker, criou o conceito de "Teoria do Negócio". Ele diz respeito à hipótese pela qual o negócio existe, ou seja, a missão e o posicionamento da empresa. Diz respeito ao "o quê" é feito, à sua eficácia — diferentemente da eficiência, que está relacionada ao "como" é feito. Portanto, uma empresa que vende aquecedores com uma ótima qualidade de atendimento e uma logística invejável para qualquer varejista, mas em uma cidade na África em que a média de temperatura no ano é de 34°C, é uma organização eficiente, mas pouco eficaz. Drucker atentou para o fato de que as empresas na atualidade eram muito boas em serem eficientes, ou seja, em ter processos enxutos e sistemas de controle de desempenho. Em contrapartida, elas se tornaram muito frágeis para perceber e mudar a rota do negócio ou para implantar o posicionamento no dia a dia junto com a eficiência dos processos. A visão de Drucker só reafirma o que tem sido dito até aqui: uma empresa que economiza no call center e no treinamento de funcionários reduzindo custos, pode estar sendo muito eficiente (bem gerenciada), mas pouco eficaz (mal gerida).

Para Drucker, esse é o motivo das crises no mundo corporativo, pois "o que está por baixo da atual doença de tantas organizações grandes e bem sucedidas em todo o mundo é que suas teorias de negócio não funcionam mais" porque "nunca houve tantas novas técnicas gerenciais como hoje (...) elas foram concebidas para fazer de forma diferente aquilo que já é feito. São ferramentas de 'como fazer'. Contudo, 'o que fazer' está, cada vez mais, se tornando o desafio central enfrentado pelos dirigentes de empresas, em especial das grandes empresas que tiveram sucesso por muito tempo"[6].

Cada negócio está num contexto específico, ou seja, cada empresa está num cenário de competição, finanças disponíveis, ativos possíveis, momento econômico, entre outros momentos específicos. Assim, se torna impossível dizer ao certo o quanto uma empresa deve ser gerida (ter eficácia) em comparação aos esforços de ser gerenciada (ter eficiência). Ao mesmo tempo, percebemos que qualquer excesso, em qualquer cenário, é prejudicial aos negócios no longo prazo. Na figura da próxima página, apresentamos as tendências de gestão de uma empresa. Sugerimos que haja um equilíbrio entre a gestão e o gerenciamento da empresa, ora podendo pender mais para um lado do que outro, mas nunca havendo uma supressão total da eficiência em nome da eficácia, nem o contrário.

Também podemos fazer uma relação entre os níveis SMC de uma empresa. No nível SMCI, a tendência é que, se houver um excesso, que ele seja em relação ao gerenciamento. Enquanto uma empresa SMC2 pode tanto ter excesso de gestão ou gerenciamento. A organização de nível SMC3 tem o risco de pensar demais no aspecto macro e deixar que no dia a dia surjam ralos de custos e a qualidade seja comprometida.

Como já foi falado nos capítulos anteriores, o trabalho com mídias sociais pode ser extremamente importante para promover esse equilíbrio dentro de uma organização. Por ser um trabalho essencialmente de relacionamento, a empresa dificilmente esquecerá o aspecto de eficácia do negócio. Ao mesmo tempo, quando conectadas aos consumidores, todas as ineficiências dos processos estarão em evidência.

FIGURA 5.19
Gestão e gerenciamento de uma empresa X níveis SMC

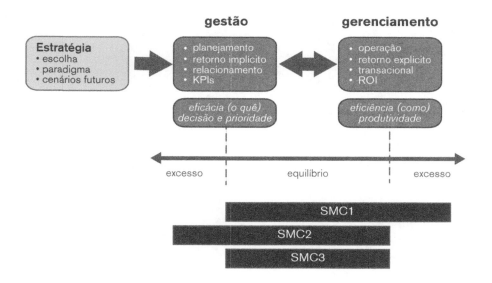

SMC Reference Number: 33

NOTAS

1 *Measure That Matters* - Katie Delahaye
2 Essa forma de categorização de dados de mídias sociais foi baseada no trabalho do pesquisador Tarcízio Silva www.tarciziosilva.com.br
3 *Social Marketing Analytics! - A New Framework for Measuring Results in Social Media!* 22/04/2010 - Jeremiah Owyang e John Lovett
4 Muitos conceitos de ROI desse livro foram inspirados nos modelos do livro *Show Me the Money: How to Determine ROI in People, Projects, and Programs* - Jack J Phillips PhD e Patricia Pulliam Phillips
5 "rust Me: Lessons from Zappos - Jenny Lee - http://blog.cult-branding.com/2010/06/trust-me-lessons-from-zappos/
6 *Administrando em Tempos de Grandes Mudanças* - 2003 - Peter Drucker

CAPÍTULO 6
CLASSIFICAR, CAPTURAR E ANALISAR: COMO COLOCAR EM PRÁTICA O PLANEJAMENTO

Era uma reunião com todos os executivos da empresa. Para entender o momento pelo qual a organização passava e tomar decisões sobre os próximos investimentos, eles precisavam analisar o relatório de mídias sociais.

A tarefa de classificar as menções referentes à marca coletadas pelo monitoramento era realizada por dois analistas. Apesar de não contar com um plano de classificação formal, os analistas mantinham algumas boas práticas que satisfaziam as necessidades do gerente — dentre elas, encaminhar as mensagens com determinadas "etiquetas de informação", chamadas de tags, (exemplo: "Reclamação de entrega") para os responsáveis pelo atendimento.

Dentre as tags usadas, estavam "Erro na Fatura", cuja prioridade é média (a empresa entra em contato em até quatro dias úteis com o cliente), e "Racismo", cuja prioridade é altíssima (a empresa entra em contato em até 24 horas). Outras tags, como "Solicitação concluída", não entravam em nenhum processo de atendimento. Certa vez, a seguinte menção surgiu no monitoramento:

"Argh, que #fail a empresa X! O cara da loja acabou de falar pra mim 'vc tá devendo 200 reais pra gente, neguinho', pelo menos já acabou esse pesadelo da fatura!".

O classificador optou pela tag "Solicitação Concluída". Meses depois, a empresa estava respondendo na justiça por racismo. A responsabilidade recaiu sobre o classificador que não optou pela tag "Racismo".

Na realidade, o problema estava na equipe alocada e na falta de acompanhamento do que estava sendo executado. O mais grave, porém, é que ninguém estava acompanhando se os critérios usados pelos analistas atendiam as necessidades de negócio dentro das mídias sociais. O plano de classificação era pouco abrangente — não havia priorização de classificações, tampouco regras para menções ambivalentes, por exemplo.

Classificar os dados para a consistência da informação

Para que um monitoramento não falhe, tão importante quanto planejar é acertar o plano de classificação.

Conceitualmente, "classificar" é colocar as menções em categorias específicas. De modo geral, há categorias referentes a sentimento — chamadas de **análise de sentimento** (positivo, negativo e neutro) —, e as referentes ao conteúdo, chamadas de **categorização** (reclamação, solicitação em aberto e etc.). Os planos de categorização e análise de sentimento, juntos, resultam no **plano de classificação.**

Dimensionar: conhecer o volume de trabalho para evitar surpresas

Uma nova empresa do ramo automobilístico entrou no mercado há pouco mais de três meses com grandes investimentos em propaganda nas mídias tradicionais. Antes de lançar toda a sua campanha on-line e off-line, a empresa realizou alguns monitoramentos nas mídias sociais que serviriam para ditar o caminho da campanha.

No primeiro mês, cerca de 20 mil citações foram coletadas nos mais diversos monitoramentos — um foi criado para descobrir o que era falado sobre o nome do carro, outro sobre o nome da empresa, outro sobre o mercado automobilístico em geral. Essa primeira leva não foi classificada tampouco analisada pela empresa, que preferiu esperar a campanha começar.

Assim que as peças publicitárias foram ao ar, a equipe de marketing digital contratou um analista e dois estagiários para tratar das 20 mil citações mensais e haver folga suficiente para tratar das outras 20 mil citações espera-

das com o lançamento das peças publicitárias. Esse número foi feito tomando como base o cálculo que o gerente de marketing realizou quando trabalhava em sua agência digital, meses atrás.

Ao fim do primeiro mês de campanha, o gerente percebeu que os três profissionais conseguiram analisar e tratar apenas 30% do total de menções — que ficou em torno de 40 mil por mês, como o previsto. Esse percentual era insuficiente para a equipe de Buzz Intelligence realizar as análises estatísticas previstas no início do planejamento, o que acabou inviabilizando o objetivo de calibração da campanha.

Essa situação aconteceu exclusivamente por um erro no momento de dimensionar a equipe necessária para realizar o trabalho planejado. Por isso, é importante dimensionar tanto a equipe quanto o volume de menções e informações a serem capturadas pelo monitoramento.

Estrutura: formatos de trabalho para terceirização

Uma start-up de jovens recém-formados na universidade recebera um investimento grande. Os investidores comentaram que, para o sucesso do negócio, seria necessário um grande esforço de *branding* nas mídias sociais.

O jovem diretor de marketing da start-up adiantou tudo que podia para ter uma estrutura robusta de mídias sociais — contratou dois profissionais, um mais sênior e outro mais júnior, fechou uma parceria com uma agência especializada e optou por um software de monitoramento e gerenciamento bem condizente com a realidade de sua empresa. Um tempo depois do início do contato com os investidores, o jovem diretor falou sobre o seguinte obstáculo: "Tenho tudo que preciso para ter sucesso, mas não sei como ordenar as peças! Não sei qual deve ser o formato de trabalho!".

Por "estrutura" chamamos tudo que diz respeito à organização das peças participantes dos processos de mídias sociais. Por peças entendemos desde o gerente de marketing a quem responde à equipe, como também a agência terceirizada responsável pelo planejamento e execução da parte tática. Outra descrição que diz respeito à estrutura é a relação des-

> "Muitas vezes, o monitoramento não tem condições de ocorrer apenas dentro do cliente, porque é na agência que toda a comunicação está sendo planejada. Só em empresas com cultura *social* o monitoramento deve ser interno – nesse caso, o papel da agência tem de ser mais consultivo"
>
> **Helton Kuhnen**
> COO da Coworkers Redes Sociais

ses personagens – ora se relacionam de modo a trabalhar em equipe, ora fazem um trabalho de supervisão e etc. Para finalizar, o formato de trabalho descreve quais são os cerimoniais e momentos de contato entre os personagens.

Não há modelos definidos ou acertados de formato de trabalho entre agência e empresas – isso é fruto de negociação e percepção de ambas as partes sobre como atingir o melhor resultado. Mas o mercado já pôs em práticas alguns modelos que podem servir de exemplo:

FIGURA 6.1
Formatos possíveis para o trabalho em mídias sociais e terceirização

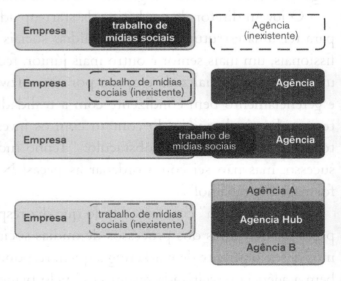

SMC Reference Number: 34

O modelo interno (1) é aquele em que não há agência terceirizada e criou-se um núcleo responsável pelo monitoramento. O exemplo diametralmente oposto, com terceirização simples (2), é aquele em que a empresa não cuida de nenhum processo de mídias sociais (exceto pela gestão da agência). Nesse caso, há um ganho com a facilidade de gestão, já que a rotina está completamente terceirizada, o contato se dá em nível tático. Em contrapartida, perde-se com o risco de haver resultados irrelevantes ou distantes daquilo que se planejava — o que pode causar trabalho duplicado, por exemplo.

> "Quando o monitoramento é feito a quatro mãos, é possível ter uma maior sinergia entre os resultados e a estratégia, podendo até, devido aos resultados quantitativos e comportamentais, alterar todo o plano inicial. Acredito que hoje, esse tipo de relação ainda é mais comum em empresas mais maduras, que compreendem a importância do trabalho nos meios sociais na rotina do seu negócio"
>
> **Rafael Venturelli**
> Coordenador de Mídias Sociais na Remix Social Ideas

O terceiro modelo é aquele em que há uma equipe pequena na empresa que opera em parceria com a agência, filtrando e refinando o trabalho feito no monitoramento. Esse tipo de formato pode levar o profissional a trabalhar rotineiramente tanto na agência quanto na empresa — sempre, contudo, estando em contato contínuo com ambas as partes. Aqui, o custo financeiro é maior que o do modelo sugerido anteriormente, pois parte do orçamento é investido no profissional que faz a ponte (*bridge*); em contrapartida, o risco de haver retrabalho é diminuído e há um ganho com o aumento da chance de os resultados serem relevantes e facilmente integrados ao restante da empresa. Ainda nesse modelo, os processos costumam ter complexidade pequena — na prática, é como se as equipes táticas fossem unificadas.

O quarto modelo é aquele no qual há uma série de agências trabalhando nos mesmos processos de mídias sociais, com especificidades diferentes (uma faz campanhas de ativação, outra faz atendimento ao consumidor e outra faz análise de BI, por exemplo). Nesse modelo, uma das agências tem maior contato com a empresa – será ela a responsável por unir as informações. Justamente por ser um formato de trabalho específico para cenários com várias agências, o custo financeiro é maior – para contrapor o esforço de pessoal para gestão, que é bem menor se comparado a uma gestão padrão.

Software: os tipos certos para cada necessidade

Softwares de monitoramento, assim como grande parte dos softwares, podem ser locais ou remotos. As características que mais impactarão a rotina em mídias sociais dizem respeito às funcionalidades que oferecem. O software pode ser simples (na maioria dos casos, gratuito) ou pleno[1] (na maioria dos casos, pago):

- **Simples**: geralmente são ferramentas gratuitas, que oferecem os serviços básicos de monitoramento, como identificar menções e gerar relatórios simples, com poucas funções extras. Essas ferramentas são as mais usadas por empresas menores ou com um pequeno orçamento ou pouco interesse estratégico envolvido no processo de mídias sociais; e

- **Plena**: são ferramentas com funcionalidades múltiplas, abrangendo mais rotinas características de monitoramento. Oferecendo opções de gráficos, classificação, estabilidade e etc. Geralmente, são ferramentas pagas. Elas são usadas por empresas cujo trabalho em mídias sociais é mais complexo – e, consequentemente, têm maior importância estratégica.

Além dessas duas categorias, o software também pode ser vertical ou horizontal:

- **Vertical**: uma ferramenta vertical é, por definição, um software especializado em um determinado recurso ou mídia social. Por exemplo: análise semântica de menções, *dashboards* personaliza-

dos, SAC 2.0 e etc. Para funcionarem com eficiência, normalmente, essas ferramentas precisam ser usadas junto ou plugadas com ferramentas horizontais; e

- **Horizontal:** é exatamente o contrário de uma ferramenta vertical. Não se especializa em nenhuma funcionalidade específica e consegue atender minimamente a todas as necessidades de um profissional de mídias sociais. Ela é fundamental para um trabalho de mídias sociais, porque integra todo fluxo de trabalho e informações. Para realizar tarefas mais complexas, exige um esforço extra.

Um software sempre é, portanto, simples ou pleno *e* vertical ou horizontal. Ter bem claro essas categorias é de extrema importância na hora de escolher quais softwares apoiarão o trabalho de mídias sociais.

FIGURA 6.2
Tipos de software para monitoramento e mensuração de mídias sociais

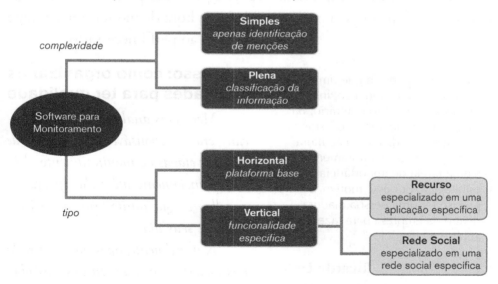

SMC Reference Number: 35

Equipe: acertando o perfil do profissional

Uma empresa começou seu trabalho de monitoramento com a melhor consultoria especializada — o investimento foi alto, mas rendeu à empresa uma excelente entrada nas mídias sociais. Os primeiros relatórios de performance estavam de acordo com as expectativas geradas.

Uma consultoria fora contratada para ajudar até o terceiro mês posterior à entrada da empresa nas mídias sociais. Quando essa etapa transitória acabou, a empresa contava com um profissional júnior para planejar as melhorias nos processos.

A etapa de transição foi bem sucedida em todas as áreas, exceto na de planejamento. Por esse motivo, o contrato com a consultoria foi estendido por mais três meses, até que a empresa se sentisse confortável com o profissional júnior.

A culpa pelos três meses adicionais pagos à consultoria não é do planejador júnior — mas sim da empresa, que o contratou com expectativas equivocadas. Quanto mais maduro for o objetivo de um processo nas mídias sociais — de acordo com a tabela de nível de maturidade (Figura 2.3, pág 51) — mais complexo deverá ser o perfil dos profissionais contratados. Isso torna importante ter cuidado na hora de montar uma equipe quanto ao perfil necessário.

> "As pessoas pensam que um estagiário pode cuidar sozinho das mídias sociais. Pelo contrário, há cargos que requerem profissionais com senioridade e com acultura da empresa. O monitoramento é uma tarefa de importância estratégica, por esse motivo, é preciso ter uma pessoa madura dentro da empresa para fazer uma análise de negócios"
>
> **Ricardo Leite**
> Responsável pela estratégia
> de redes sociais da Vivo

Processo: como organizar as atividades para ter qualidade

Meus dois analistas de mídias sociais eram responsáveis por cuidar de todas as etapas do monitoramento, desde o planejamento até a classificação, o que lhes exigia muito esforço e várias horas de seus dias.

Naturalmente, após nossa entrada nas mídias sociais e de ajustes nos planos, o monitoramento passou a ficar com mais itens e tags, o que aumentou o tempo gasto com classificação. Isso fez com que a rotina dos analistas se voltasse para a operação, o que torna o planejamento menos prioritário.

A produção do relatório, tarefa que era compartilhada, começou a ser afetada; o que antes era para ser feito em três dias de trabalho passou a demorar praticamente duas semanas.

> "Independentemente do formato de trabalho, o importante é que o profissional tenha visão de negócio, inteligência analítica e conhecimento de comunicação"
>
> **Rosângela Martins**
> Supervisora de Mídias Sociais da WMcCann

O gerente de marketing, que usava o relatório para tomar algumas decisões, passou a acompanhar mais de perto o processo operacional de seus analistas e percebeu que o problema não era de ineficiência ou inexperiência dos profissionais — pelo contrário, era de definição nos papéis do dia a dia, o que causava um trabalho duplicado desnecessário nas rotinas.

Para evitar que sua empresa caia no mesmo problema, é importante que as funções e tarefas dos profissionaiss sejam claras. Apesar de parecer um senso comum, o mercado de mídias sociais ainda conta com estruturas compartilhadas e até improvisadas — principalmente, quando o analista de mídias sociais faz também o trabalho com mídia *off-line* e outras tarefas de comunicação e marketing. Então, definir o processo de como funcionará as atividades compartilhadas se torna muito importante para garantir a qualidade.

Keywords: garantindo o escopo do monitoramento

As *keywords* (palavras-chave) são os termos relacionados ao que se deseja monitorar. Assim, uma pizzaria chamada "Pizza do João" pode precisar usar as Keywords: pizza, pizzas, piza, "pizza do joão", jantar e etc. A definição dessas palavras-chave vai definir o que o monitoramento irá capturar e o que ficará de fora. Uma listagem de palavras-chave mal feita pode comprometer todo o trabalho de monitoramento.

Implantar e acompanhar: colocando o planejamento em prática

A hora de implantar um projeto de monitoramento ou mesmo de fazer melhorias é o momento em que se coloca em xeque o planejamento. Um planejamento nunca conseguirá prever totalmente a realidade em qualquer campo, ainda mais nas mídias sociais que são tão dinâmicas, dependem do movimento das multidões, algoritmos de softwares, comportamento de colaboradores e etc.

Já sabemos que o trabalho com mídias sociais é uma grande responsabilidade para as marcas porque pode atingir milhões de pessoas. Por isso, quando se implanta um projeto de mídias sociais, é aconselhável fazer um piloto. Ou seja, executar por alguns dias todas as atividades em modo de teste antes de o projeto ir efetivamente para o ar.

Uma vez implantado o projeto de monitoramento com sucesso, é preciso acompanhá-lo! Essa é uma atitude importante que, infelizmente, é deixada de lado pelas pessoas. O dia a dia faz com que os profissionais se preocupem apenas com o relatório e se esqueçam de acompanhar como está o monitoramento. Ou seja, se ele está coletando as menções corretamente, se há novos termos surgindo para serem monitorados dentro do escopo do projeto e até se a equipe está seguindo corretamente os critérios de classificação.

Conclusão: etapa de capturar

Como vimos até agora, um claro entendimento sobre a etapa de capturar facilita o entendimento de alguns custos, prazos e possibilidades.

FIGURA 6.3
Etapa de captura

	O que é	Por que é importante
2.1 Dimensionar	cálculo do tamanho da equipe e menções a serem capturadas	garante o prazo e que todas menções sejam capturadas
2.2 Estrutura	decisão sobre a terceirização	otimização da relação fornecedor-empresa
2.3 Software	entendimento dos tipos de software que o projeto demanda	escolher os softwares adequados impacta na produtividade
2.4 Equipe	perfil do profissional que o projeto demanda	evita-se mau desempenho e troca de profissional
2.5 Processo	mapeamento de atividades do projeto de monitoramento	para entendimento da equipe e facilitar melhorias
2.6 Keywords	listagem das palavras-chave que o monitoramento vai identificar	permite que não escape menções importantes ao negócio
2.7 Implantar e 2.8 acompanhar	fazer um piloto no início do projeto e acompanhar as atividades recorrentemente	não expõem a marca ao começar e capta mudanças nas conversações das mídias sociais

SMC Reference Number: 36

Etapa de Analisar

Uma grande multinacional que vende pacotes de TV a cabo passou a monitorar mídias sociais depois de ser rankeada como a empresa com mais críticas aos serviços prestados e um dos piores atendimentos do mercado.

O diretor responsável pelo projeto estava bastante cuidadoso e buscou realizar tudo nos mínimos detalhes. O tema de maior orgulho tinha sido o de métricas, com KPIs e indicadores muito precisos e descritivos que conseguiam ilustrar com bastante proximidade o que acontecia.

O processo de monitoramento estava começando e o gerente de mídias sociais identificou que seria inevitável a criação de uma função nova: a de análise das métricas e KPIs. Até então, o gerente acreditava que seria suficiente alocar parte de sua própria rotina para a realização da tarefa.

Os primeiros dois meses aconteceram com bastante fluidez — afinal de contas, a análise é pouco comparativa e muito mais absoluta, "fria". No terceiro mês, contudo, na apresentação geral do relatório, o gerende de mídias sociais foi questionado em inúmeras ocasiões pelo diretor sobre certas irregularidades nas curvas apresentadas — dúvidas que eram respondidas com um lacônico "preciso avaliar com uma profundidade maior, em dois dias mando a resposta para todos".

O diretor, que via o projeto de mídias sociais como algo estratégico, sugeriu ao gerente algo diferente: "em vez de nos responder em dois dias, contrate um profissional sênior dedicado a realizar esse tipo de análise". A postura do diretor não poderia ser outra: de que adianta ter encontrado as melhores métricas e KPIs de mídias sociais se a equipe responsável pela análise ficar simplesmente "relendo" gráficos, sem cruzar as informações de um modo inteligente?

Logo no primeiro mês de trabalho do analista sênior, os relatórios feitos pelo gerente foram rapidamente superados — as análises antigas, apesar de não estarem incorretas, não tinham embasamento suficiente para a tomada de decisão acertada por parte da diretoria. Graças à agilidade e profundidade das análises, o diretor conseguiu fazer alterações importantes no plano de mídia que seria lançado nas semanas seguintes.

A multinacional descrita acima conseguiu adaptar seu plano de mídia a tempo não apenas pela agilidade de um analista sênior dedicado às métricas de mídias sociais, mas principalmente pela qualidade das informações que esse analista conseguiu minerar. Dados provenientes de boas métricas são apenas metade do caminho para uma análise realmente eficiente.

Encontrar a métrica ideal pode dar uma falsa sensação de eficiência ou de resolubilidade de um problema — por exemplo, uma empresa cujo produto é um celular bastante mal falado nas mídias sociais toma como principais métricas o volume de menções negativas sobre o celular e o volume de atendimentos feitos para a resolução de problemas referentes ao produto. Essas métricas certamente servem de parâmetro, mas uma análise equivocada pode dar a impressão de que o celular passou por uma melhoria quando, na verdade, só caiu no esquecimento do mercado.

De modo análogo à diferenciação de *dado*, *informação* e *conhecimento*, aqui há uma mesma diferença entre os dados capturados pelas métricas definidas, a análise desses dados e a comunicação dessas informações de modo a gerar um impacto no *status* atual (que altere a situação, seja evoluindo ou criando um novo contexto).

Analisar: tranformando dados em informação de negócio

O passo de analisar é o momento de trabalhar com os dados gerados (quantidade de menções, períodos e etc) – resultado bruto de um monitoramento – para gerar conhecimento sobre o mercado e os clientes – inclusive para a análise e tomada de decisão. Mas um dado, quando lido isoladamente, equivale à leitura de um trecho da realidade totalmente desconexo e independente, sem uma profunda capacidade descritiva de um *todo* no qual está inserido. Para que os dados se tornem importantes na tomada de decisão, eles precisam estar qualificados e relacionados de modo a ficarem em sintonia com uma análise de interesse – no caso, falando de acordo com as missões, valores e objetivos de negócio da empresa.

Dentro da metodologia SMC, há dez tipos de análises que podem ser feitas (elas serão detalhadas no capítulo 10). Elas vão de análises simples, como "termos mais citados" ou "sentimento", até as que são baseadas em "sazonalidade com mineração de dados".

Comunicar: de informações aleatórias a um relatório relevante

De nada adianta um planejamento impecável para o monitoramento, uma busca perfeita, uma equipe completa para análise, um bom uso dos métodos analíticos se não há uma comunicação eficiente para as áreas que consumirão os dados obtidos com o monitoramento. Fazer um relatório completo, relevante para toda a empresa e, ao mesmo tempo, que seja legível por todos seus leitores é um desafio que deve ser superado.

Para isso, o núcleo de mídias sociais deve estruturar a comunicação, que é basicamente a forma que o relatório será apresentado para cada público que vai recebê-lo.

Melhorar: um projeto em constante evolução

Como foi visto até aqui, o monitoramento, além de envolver profissionais de toda a empresa, exige um empenho grande por parte da própria equipe de mídias sociais – do planejamento à confecção do relatório final. Dessa maneira, é inevitável que haja uma complexidade e até surja uma burocratização desnecessária que acabam por impactar negativamente o projeto como um todo.

Quando ocorre a entrega de um relatório, é o momento de se refletir sobre o processo como um todo, com a participação das diferentes áreas envolvidas. É só por meio de um trabalho colaborativo de feedback que o monitoramento pode evoluir.

Conclusão: Etapa de analisar

FIGURA 6.4
Etapa de analisar

	O que é	Saídas / Por que é importante
3.1 Analisar	transformar os dados capturados em informações de negócio	torna o monitoramento estratégico para a empresa
3.2 Comunicar	criar relatórios relevantes	para os gestores lerem e entenderem com facilidade
3.3 Melhorar	fazer otimizações e melhorias em todo o projeto de monitoramento	para evoluir o monitoramento, o tornando cada vez mais estratégico e eficiente

SMC Reference Number: 37

NOTAS

1   O conceito de ferramenta plena de monitoramento de mídias sociais foi criado pelo pesquisador de monitoramento e métricas Tarcízio Silva http://tarciziosilva.com.br/

CAPÍTULO 7
ACULTURAR: ESPALHANDO A CULTURA SOCIAL NA EMPRESA

O Carlos é responsável pelo núcleo de monitoramento de mídias sociais de uma empresa de bens de consumo. O projeto avançou muito nos últimos meses. Além de atender ao gerente de Marketing, a área de monitoramento entrega relatórios para as gerências de produto e atendimento ao cliente.

Frequentemente, Carlos marca reuniões com os gerentes para descobrir suas necessidades e discutir maneiras de melhorar os relatórios produzidos. Mas o gerente de produto quase sempre falta aos encontros. Nas poucas vezes em que participou de uma reunião, se mostrou impaciente e pouco interessado no trabalho do núcleo de monitoramento.

Chateado com a situação, Carlos resolveu conversar com a sua equipe.

– Pessoal, não sei mais o que faço para conseguir a atenção do gerente de produto. Como podemos motivá-lo?

Uma das assistentes de Carlos respondeu:

– O projeto caminhou na área de atendimento ao cliente porque uma analista pediu para participar de um de nossos treinamentos sobre mídias sociais. Depois disso, ela se tornou uma das nossas principais defensoras, o que chamou a atenção do gerente. Acho que precisamos convencer alguém da área de produto a participar de um treinamento. Assim, vamos receber o tratamento que merecemos.

Para ser efetivo, o trabalho com mídias sociais precisa da energia de diversas áreas e hierarquias. É dessa forma que ele se sustenta e atinge seu objetivo real: melhorar a empresa como um todo.

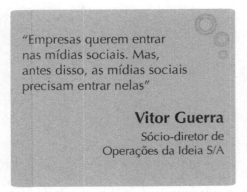

"Empresas querem entrar nas mídias sociais. Mas, antes disso, as mídias sociais precisam entrar nelas"

Vitor Guerra
Sócio-diretor de Operações da Ideia S/A

A tarefa de aculturar a organização, muitas vezes, acontece de maneira informal, não estruturada. Mas ela pode ser planejada e potencializada. Para isso acontecer, é possível investir em algumas atividades, como identificar as pessoas e áreas que precisam ser aculturadas e disseminar a informações por meio de treinamentos especiais.

Identificar o nível SMC das áreas e das pessoas-chave da empresa

Antes de realizar qualquer trabalho de aculturamento, é importante entender e identificar como cada área da organização enxerga as mídias sociais. Nesse processo, para cada equipe, define-se seu "potencial de uso" das mídias sociais e seu "nível de maturidade".

- Potencial de uso pela área: representa quanto o trabalho de mídias sociais pode contribuir para aquele processo da empresa. Isso é específico para cada negócio e também depende do contexto atual. Por exemplo: em geral, a área de Marketing tem mais potencial do que a área de RH. Mas num *call center* que está passando por uma série de casos de assédio moral, o monitoramento de mídias sociais pode ter um potencial de uso maior no RH que no Marketing; e

- Nível de maturidade da área: dentro de uma mesma empresa, é possível encontrar áreas com níveis de maturidade totalmente distintos. Por isso, é fundamental que o núcleo de mídias sociais esteja ciente de como esse aspecto está em cada processo da empresa.

ACULTURAR: ESPALHANDO A CULTURA SOCIAL NA EMPRESA

Uma empresa é feita de pessoas e qualquer agrupamento de pessoas possui influenciadores (formadores de opinião) que afetam o coletivo. Para gerar uma cultura de mídias sociais, é importante saber quais são as áreas e respectivas pessoas-chave para o projeto de mídias sociais.

> "Às vezes, dentro de uma mesma empresa, há áreas com níveis de maturidade totalmente distintos, por causa da cultura, do gestor e do momento da área"
>
> **Thiago Paes**
> Diretor de Operações Digital da Gauge

É importante saber que as pessoas-chave não ocupam, necessariamente, altos cargos. Muitas vezes, gente com menos poder formal possui uma grande influência sobre um determinado assunto. Além disso, mesmo uma pessoa com pouca influência pode ser tão interessada e engajada no tema que acaba mobilizando o seu grupo.

Após a definição das áreas e de seus respectivos "potencial de uso" e "nível de maturidade", passamos para a análise de cada pessoa-chave por meio dos critérios de "interesse" e "influência". Esses aspectos também são subjetivos e servem mais como uma orientação ao trabalho de aculturamento. Veja abaixo a descrição de cada um:

- Influência: é a medida de quanto uma pessoa é capaz de influenciar as pessoas de sua área quanto a mídias sociais. Lembre-se de levar em conta tanto o poder "formal" da pessoa dentro do grupo quanto o "informal", ou seja, quanto as pessoas de seu grupo levam em consideração suas opiniões e posições; e

- Interesse atual: refere-se ao interesse efetivo da pessoa-chave em mídias sociais. Esse é um aspecto que pode e deve ser potencializado pelo trabalho de aculturamento.

FIGURA 7.1
Tabela para identificar a cultura social da organização

Áreas da empresa	Potencial de uso pela área (0 à 4)	Nível de maturidade da área (1 à 3)	Pessoas-chave	Influência (0 à 4)	Interesse atual (0 à 4)

Essa tabela pode ser usada como apoio para mapear como cada área da empresa está em relação ao uso das mídias sociais. A partir daí, elas podem ser incentivadas a evoluir.

SMC Reference Number: 34

Atividades de aculturar para potencializar o social na empresa

"Muitas vezes, as empresas não definem uma estratégia específica para as mídias sociais por causa dos altos custos. Por isso, é preciso começar com projetos isolados em que a empresa se integra. Depois de um ponto de evolução, não dá mais para voltar atrás"

Gustavo Jreige
Sócio-diretor da Pólvora Comunicação

Este tópico diz respeito às diversas atividades e formas de implantar o projeto de mídias sociais que geram o aculturamento. Quando esse trabalho começa pequeno, envolvendo pouca gente, ele contamina as pessoas da empresa com o tempo de uma forma positiva. Isso evita uma resistência aos custos elevados, assim como altas expectativas e pressão. A evolução natural do projeto leva a um aculturamento, o que não acontece com ações faraônicas implantadas do dia para a noite.

Outro cuidado importante é definir alguma pessoa dentro da organização como o responsável (normalmente, é alguém do núcleo de mídias sociais) por disseminar a cultura pelas áreas da empresa.

Há três tipos de atividades que podem ser realizadas durante o processo de aculturamento:

> "Conforme a cultura de mídias sociais se espalha dentro de uma empresa, surge a importância de ter gráficos facilmente digeríveis"
>
> **Tarcízio Silva**
> Coordenador de Monitoramento e Métricas na Coworkers

> "Quando uma empresa tem uma cultura de mídias sociais disseminada, não é de se estranhar que o presidente da companhia tenha uma ferramenta em tempo real em sua mesa que mostra o que estão falando nas mídias sociais. Ele percebe a importância de ouvir o que os clientes estão falando"
>
> **Ricardo Leite**
> Responsável pela estratégia de redes sociais da Vivo

- Capacitação: são treinamentos, workshops e apresentações. Tais atividades trazem subsídios técnicos, ou seja, conhecimentos de recursos e funcionalidades das mídias sociais. E subsídios culturais sobre o impacto e as aplicações das mídias sociais nos negócios. A apresentação de casos de sucesso é recomendada porque eles são ilustrativos e práticos;

- Sistema: é o acesso a *dashboards* (para um público mais voltado para negócios) e ferramentas (para um público mais técnico); e

- Informação: refere-se aos relatórios e alertas resultantes do monitoramento, principalmente os que mostram claramente como aquilo impactou as áreas.

FIGURA 7.2
As três atividades de "aculturar" a empresa em social

SMC Reference Number: 39

Planejar o aculturamento para ter mais resultados

O planejamento pode ser o terceiro e último passo do aculturamento. Isso porque é muito difícil no início de um projeto de mídias sociais haver tempo hábil para planejar o aculturamento. Em geral, o aculturamento é feito conforme a demanda. Só depois é possível fazer um planejamento estruturado que permita o avanço do aculturamento.

Como em toda a metodologia SMC (Social Media Cycle), os passos sugeridos são didáticos. Nesse, caso o terceiro passo pode ser antecipado.

- Ação: definem-se quais ações, dentre as vistas no passo de aculturar, serão feitas;

- Público-alvo: para cada ação, definem-se quais pessoas serão atingidas. Por exemplo, pode ser uma área específica, várias ou a empresa inteira;

- Tipo de ação: diz se a ação será para um objetivo específico ou amplo. Exemplos: ensinar a empresa a usar uma nova ferramenta de mídias sociais que será adotada é um objetivo específico. Já um workshop para conscientizar as equipes sobre as aplicações possíveis do monitoramento no dia a dia de trabalho é um objetivo mais amplo; e

- Prioridade: de 1 a 3, diz qual é a prioridade daquela ação frente as demais.

FIGURA 7.3

Tabela para planejar o processo de aculturar o social em uma empresa

Ação	Áreas a serem atingidas	Tipo de atuação (ampla ou pontual)	Prioridade

Essa tabela pode ser usada como apoio para mapear todas as ações possíveis e decidir quais delas serão priorizadas e implantadas.

SMC Reference Number: 40

ACULTURAR: ESPALHANDO A CULTURA SOCIAL NA EMPRESA

- Público-alvo: para cada ação, definem-se quais pessoas serão atingidas. Por exemplo, pode ser uma área específica, várias ou a empresa inteira;

- Tipo de ação: diz-se a ação será para um objetivo específico ou amplo. Exemplos: ensinar a empresa a usar uma nova ferramenta de mídias sociais que será adotada é um objetivo específico. Já um workshop para conscientizar as equipes sobre as aplicações possíveis do monitoramento no dia a dia de uma área é um objetivo mais amplo; e

- Prioridade: de 1 a 5, diz qual é a prioridade daquela ação frente as demais.

FIGURA 7.3

Tabela para planejar o processo de acultura o social em uma empresa.

Ação	Áreas a serem atingidas	Tipo de ação (ampla ou pontual)	Prioridade

SMC Reference Number: 40

CAPÍTULO 8
A OPERAÇÃO DE MENSURAR OS DADOS DAS MÍDIAS SOCIAIS

O passo de operacionalizar tudo o que foi definido quanto a métricas é uma parte muito sensível, **pois trata de classificar as informações de interações humanas sujeitas a toda sua complexidade e subjetividade.**

Como organizar as menções coletadas nas mídias sociais

Conceitualmente, "classificar" é colocar as menções coletadas nas mídias sociais em categorias específicas. De modo geral, existem as categorias referentes a sentimento (chamadas de **análise de sentimento** – positivo, negativo e neutro) e as referentes ao conteúdo, chamadas de **categorização**. Juntos, os planos de categorização e análise de sentimento resultam no **plano de classificação**.

O trabalho de classificar, apesar de bastante oneroso, permite compreender com maior nível de exatidão o que é falado em determinado monitoramento, bem como ajuda a priorizar e dar pesos às menções, tornando todos os fluxos alimentados pelo monitoramento mais ágeis – um dos grandes riscos de não ter um plano de classificação é chegar a conclusões equivocadas ou tomar decisões baseadas em imprecisões.

O plano de classificação, como já foi visto, traz as premissas do projeto de monitoramento para a realidade dos objetivos de negócio definidos.

Classificação: a base de um monitoramento estratégico

A importância da classificação de um monitoramento está na agregação de valor e importância aos dados obtidos pelo software de monitora-

mento. Realizar um monitoramento sem o filtro da classificação é subaproveitar as informações capturadas nas mídias sociais. Com a classificação, é possível refinar os dados de modo a torná-los úteis para a empresa (do ponto de vista do negócio) e obter um retorno real do esforço demandado.

O plano de classificação de uma empresa não pode ser feito ou drasticamente alterado no decorrer de um monitoramento. Isso porque, uma vez coletadas e classificadas as menções, fica muito difícil reclassificá-las, dada a velocidade das mídias sociais. Quando se começa um monitoramento, é preciso ter segurança de que não só as buscas estão bem configuradas numa software confiável, como também de que o plano de classificação é relevante e pode trazer à empresa o conhecimento e retorno esperados.

O processo de planejamento de um plano de classificação se inicia antes do que se imagina. Os momentos de definição de nível de maturidade do processo em mídias sociais, de objetivos e de métricas e KPIs do monitoramento são fundamentais para o desenvolvimento do plano de classificação. Após essa etapa de definição, criam-se dois planos: o de análise de sentimento e o de categorização. Esse processo segue o padrão abaixo:

FIGURA 8.1
Conteúdos de um "plano de classificação"

SMC Reference Number: 41

Plano de classificação: alinhamento de funções, processos e gestão de conhecimento

Partindo da ideia de que um plano de classificação é um guia para que a equipe responsável saiba como categorizar e organizar os dados de um monitoramento, é preciso descrever alguns pontos essenciais:

- Objetivo, nível de maturidade da empresa e métricas: compartilhar esse tipo de informação, inclusive para a equipe operacional, proporciona maior visão sistêmica e dá maior peso para a classificação;
- Fluxos de trabalho: bem como as informações acima, a apresentação de fluxos de trabalho permite que a operação tenha mais agilidade e consiga observar a classificação como parte de um todo.

No que diz respeito a esse último ponto, há um fluxo de trabalho padrão que se repete em todos os casos: primeiro, há a configuração da plataforma para as buscas definidas; posteriormente, há a coleta das menções buscadas (automaticamente, essa menção entra no fluxo de trabalho de classificação); a operação classifica de acordo com as *tags* e regras de análise de sentimento estabelecidas; e, por fim, a menção sai da fila de classificação.

Apesar de o fluxo de trabalho padrão existir, o círculo de classificação (formado pela etapa de categorização e análise de sentimento) e os fluxos posteriores variam de acordo com as características da empresa — ora a categorização e análise de sentimento são feitas simultaneamente, ora há profissionais separados, ora não há atendimento a partir da classificação feita e etc.

O processo para classificação, evidentemente, está atrelado ao fluxo de trabalho SMC para monitoramento e se encontra nas etapas inicias (mensurar e capturar). Ainda assim, a classificação é um pré-requisito para as etapas seguintes (análise e aculturamento) . Isso porque o resultado do processo de classificação é a matéria-prima para a inteligência competitiva resultante de um monitoramento. O fluxo da imagem 3 mostra como a configuração, implementação e operação da classificação são o alicerce do monitoramento.

O envolvimento da empresa na classificação

Com os objetivos e nível de maturidade em mãos, a empresa deve pensar como as **métricas de mídias sociais** serão relacionadas com a **classificação** – ou seja, como calcular se o monitoramento conseguirá entregar os indicadores previamente definidos e como saber se as mídias sociais estão atingindo as metas. Devido à importância dessa definição, quanto maior envolvimento de áreas diretivas e gerenciais, melhor se dará a relação **classificação** e **métricas**. Para evitar desalinhamentos quanto aos objetivos do negócio, a empresa SMC 3, em geral, deve ter a participação da direção e da gerência em etapas do processo. A Figura 8.2 mostra a presença dos atores por nível de maturidade:

FIGURA 8.2
Participação dos envolvidos no desenvolvimento do plano de classificação

	SMC1 *Ágil*	SMC2 *Integrada*	SMC3 *Estratégica*
Núcleo de mídias sociais	Briefing, Desenvolvimento e Validação	Briefing e Desenvolvimento	Briefing e Desenvolvimento
Clientes de informação: analistas	-	Validação	Briefing e Validação
Clientes de informação: gestores	-	-	Validação

SMC Reference Number: 42

A presença dos gestores no processo de planejamento da classificação não é operacional, mas sim uma participação de supervisão que trabalha pelo alinhamento com objetivos da empresa. A presença de profissionais de áreas mais estratégicas garante que a classificação tenha um valor real para o negócio.

Por outro lado, os detalhes do processo de classificação – que serão desenvolvidos pela equipe de planejadores, analistas e operação – são a etapa de maior volume e que, de fato, vão compor o plano de classificação.

A complexidade da análise de sentimento

A primeira etapa do planejamento da classificação se dá na definição do *Plano de análise de sentimento*[1] que será seguido – a análise de sentimento é usada para medir a proximidade que uma empresa tem com seu consumidor. Em linhas gerais, toma-se um ponto com o qual a análise de sentimento será relacionada, uma referência específica que varia de acordo com o objetivo de negócio da empresa. Alguns exemplos são a marca (essa menção afeta de que modo a minha marca?), um produto determinado (como essa menção afeta a imagem desse produto?), o processo de vendas como um todo, entre outros. Os diferentes critérios estão descritos na Figura 8.3.

FIGURA 8.3

Três níveis da análise de sentimento

	Básico	Intermediário	Avançado
Perspectivas	Uma (ex: perspectiva do leitor)	Poucas (ex: perspectiva da imagem e do cliente)	Múltiplas (ex: perspectivas de várias áreas da empresa)
Viés de análise	Externa à empresa	Interna ao núcleo de mídias sociais	Interna às diferentes áreas da empresa
Sinergia com categorização	Processos independentes e não correlatos	Processos independentes, mas correlacionados	Processos com sinergia

SMC Reference Number: 43

---

[1] Fazer análise de sentimento é classificar de acordo com *tags* de sentimento; as *tags* de análise de sentimento mais comuns são positivo, negativo ou neutro.

Podemos entender que uma empresa SMC 3, normalmente, tende a possuir uma análise de sentimento avançada. Isso significa que uma empresa mais madura em mídias sociais compreende que uma única mensagem pode conter várias informações de negócio distintas. Apenas em caráter de ilustração, tomemos o exemplo da frase:

"Cara, tava com saudades de comer nessa rede de fast food! Foi mega rápido, mas a batata veio murcha."

A menção pode ser analisada sob diversos aspectos:

- **Produto:** negativo, veio abaixo do esperado;
- **Atendimento:** positivo, é eficiente;
- **Branding:** neutro, aparentemente, é forte, apesar de não se saber detalhes dos valores atrelados à marca; e
- **Vendas:** negativo, a empresa tem um produto ruim.

A evolução do nível de maturidade de uma empresa em mídias sociais varia de acordo com a complexidade da análise de sentimento. Isso também significa dizer que uma empresa mais madura está disposta a gastar mais tempo para solucionar essa complexidade. Quanto mais detalhada for a análise de sentimento, será necessário maior esforço da empresa.

> "Quanto maior é a equipe envolvida nos processos de mídias sociais, maior é a dificuldade de alinhamento das regras de classificação dos posts."
>
> **Luana Baio**
> Coordenadora de Buzz Intelligence da dp6

De modo geral, não há um modelo único ideal de como fazer a avaliação qualitativa das menções em mídias sociais. Quanto mais detalhado for o modelo de polarização, mais complexa será a análise e mais maduro será o plano de classificação. O padrão positivo–negativo–neutro é funcional e fácil de ser operacionalizado, atendendo às necessidades iniciais de uma empresa com mídias sociais. Esse tipo de análise de sentimento é nomeado na metodologia SMC de *análise de sentimento simples*.

FIGURA 8.4
Análise de sentimento simples

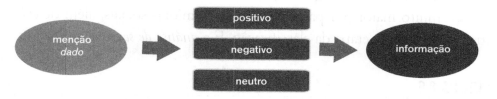

SMC Reference Number: 44

Entretanto, uma boa prática para a análise de sentimento mais completa é criar uma régua de proximidade com o cliente progressiva, que conta com dois níveis (tanto para positivo quanto para negativo): um diz respeito a algo mais pontual, à **percepção da marca** (que não necessariamente leva à ação); o outro diz respeito a um sentimento mais duradouro, referindo-se ao **engajamento**, que por sua vez implica em uma ação de destruição ou defesa da marca. A análise de sentimento que usa essa régua, portanto, consegue descrever com maior riqueza qual é o tipo de relação que os clientes têm com uma marca e acompanha o engajamento verdadeiro, aquele que vai além da mera citação. Na metodologia SMC, essa régua é chamada de *análise de sentimento por engajamento*.

FIGURA 8.5
Análise de sentimento por engajamento

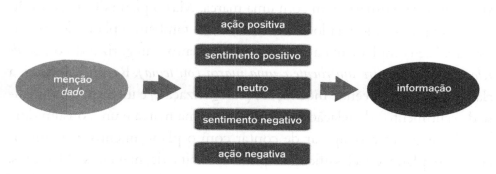

SMC Reference Number: 45

Uma terceira boa prática da metodologia SMC, que permite uma análise de sentimento mais completa, é a de relacionar o sentimento de acordo com as diferentes categorias possíveis. Mais detalhista, ela requer um esforço muito maior por parte da equipe de mídias sociais, além de estar atrelada a segunda etapa da classificação. É a *análise de sentimento por viés*.

FIGURA 8.6
Análise de sentimento por viés

SMC Reference Number: 46

O valor da categorização

O plano de análise de sentimento mede o tipo e a intensidade da proximidade que o usuário tem com uma marca. Mas o plano de classificação é mais amplo. Como falado anteriormente, há também o plano de categorização. Ele complementa a análise de sentimento, categorizando o *tipo de relação exercida entre um cliente e uma marca (ou tema)*. Resumidamente, a classificação compreende motivações (categorização) e intensidades (análise de sentimento) da relação existente entre uma marca e um consumidor.

A categorização, apesar de contar com o planejamento mais minucioso do plano de classificação, pode ser feita de maneiras diferentes, de acordo com o grau de investimento (como já vimos, normalmente, ele está relacionado ao nível de maturidade da empresa): **categorização básica, intermediária ou avançada**. A diferenciação se dá na capacidade descritiva de cada um dos planos – independentemente da complexidade do plano de categorização, o planejamento terá como ponto de partida o objetivo e os KPIs atendidos com o material classificado.

O plano **básico**, o de mais fácil operação, distingue as menções de modo temático com poucas *tags*. O plano **intermediário**, por sua vez, é mais estruturado e conta com maior descrição nas *tags* – procura-se desenhar um mapa de categorias mais complexo. Ainda que ambos sejam diferentes, uma empresa SMC I pode formalizar um esquema de categorização complexo – mas usá-lo tendo como objetivo reconhecer quais valores e termos se atrelam ao seu produto e a sua marca, em vez de procurar oportunidades de relacionamento com seu cliente.

O plano de classificação de um monitoramento **avançado** traz um foco contrário. Ele deixa de trazer resultados pensando na empresa/marca e descreve com maior precisão que tipo de relação os clientes estabelecem com uma marca pelas mídias sociais.

FIGURA 8.7
Três níveis do planos de categorização

	Básico	Intermediário	Avançado
Grupos de tags	Inexistente ou 1	Alguns	Múltiplos e sinérgicos com a análise de sentimento
Lógica de tags	Por tema das menções	Por produto ou por oportunidade (venda, atendimento e etc.)	Por descrição de motivo, momento, produto e interlocutor
O que se descobre	Conteúdos que se atrelam à marca	Oportunidades de negócios e/ou aproximação com cliente	Como meu cliente se relaciona com a minha marca e os temas em torno dela

SMC Reference Number: 47

Para que isso aconteça, as *tags* contidas no plano de categorização podem seguir, por exemplo, a lógica de grupos baseadas no 5-Ws e 1-H: *O quê? (What?), Quando? (When), Quem? (Who?), Por quê? (Why?), Onde? (Where?) e Como? (How?)*. Esse modelo consegue exprimir com detalhes a relação que os diversos agentes têm com a marca monitorada. Mas o exemplo de categorização baseado no 5-Ws não é a única alternativa. É possível planejar *tags* que deem preferência a outras particularidades, como os valores do ticket médio do interlocutor (se integrado a um sistema de CRM), a geolocalização (se a política de privacidade da mídia monitorada permitir), entre outras informações.

FIGURA 8.8
Construção das categorias de tags em um plano de classificação

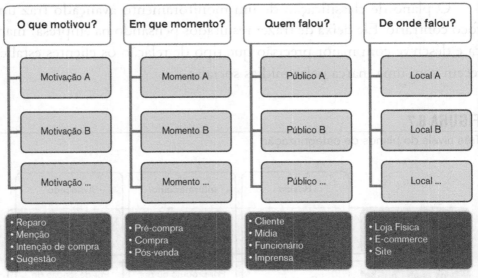

SMC Reference Number: 48

A estratégia de categorização comportamental consegue trazer um cenário mais fidedigno do momento em que os consumidores entram em contato com a marca. Como resultado, as estratégias de marketing — principalmente, as baseadas em relacionamento — passam a ser embasadas em premissas sociais bastante sólidas, que agregam com relevância e proximidade ao consumidor.

O plano de classificação alinhado com todos os personagens presentes no processo consegue solucionar alguns problemas e mitigar alguns riscos. Ainda assim, há a etapa de estruturar a equipe necessária para executar todo o planejamento feito até aqui.

Vale lembrar que a categorização pode ser feita em sinergia com a análise de sentimento, como descrito anteriormente — especialmente, se uma menção trouxer diversos temas categorizáveis.

CAPÍTULO 9
CAPTURAR: DIMENSIONANDO O TRABALHO DE MÍDIAS SOCIAIS

No momento de dimensionar, a empresa pode fazer quatro levantamentos que ajudam a decidir a quantidade de profissionais necessários para a operação de monitoramento. São eles: **(A) o volume de menções a ser tratado, (B) a capacidade máxima por profissional, (C) a saúde da marca** e **(D) o software disponível.**

O primeiro dos levantamentos não diz respeito ao volume de menções por período de tempo total, mas sim, exclusivamente, àquelas que entrarão nos ciclos do processo de mídias sociais. Nessa situação, o volume de menções tratáveis (que serão classificadas, respondidas, analisadas e etc.) pode ou não ser uma amostragem. Para tornar o cálculo tangível, é possível dar notas (um para Pequeno a três para Grande) para faixas de volume. Veja o exemplo no gráfico da próxima página.

O segundo levantamento complementa o primeiro e diz respeito sobre a quantidade de menções que um profissional pode tratar num determinado período de tempo. Evidentemente, o cálculo deve ser feito tarefa por tarefa – um mesmo profissional faz dez tagueamentos por minuto ou uma publicação pelo mesmo período de tempo, por exemplo. Para manter a mesma ordem de grandeza, dá para usar notas, como no caso anterior.

FIGURA 9.1

Dimensionamento da equipe necessária para um monitoramento

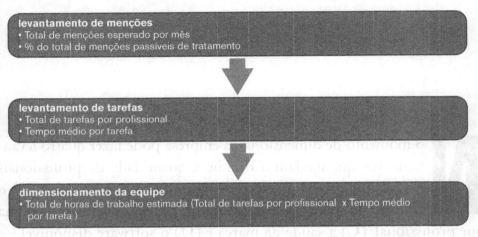

SMC Reference Number: 49

Esses dois levantamentos já conseguem descrever, eficientemente, qual é o tamanho da equipe para cada uma das etapas. Mas eles dizem respeito apenas à realidade pontual – e não preveem a elasticidade de riscos. Isso quer dizer que o volume de menções tratáveis está sujeito a variações e sazonalidades, que deverão ser igualmente consideradas pela equipe. O mesmo vale para a capacidade de operação por parte dos profissionais.

Por esse motivo, outros dois levantamentos são sugeridos. O primeiro, sobre a saúde da marca, delineará a possibilidade ou não de ocorrer picos inicialmente não mapeados. Uma marca conhecida por ser odiada pelos consumidores corre o risco de enfrentar picos a cada mínima queda de qualidade de serviço, por exemplo. Aqui também é possível colocar em uma escala a nota (um para pequeno risco de elasticidade do volume de menções e três para grande).

FIGURA 9.2

Dimensionamento do potencial de reações a marca nas mídias sociais

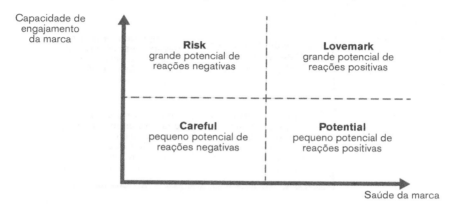

SMC Reference Number: 50

Ao final desse levantamento, é possível somar os pontos obtidos em cada uma das análises das quatro etapas descritas (em cada gráfico há uma pontuação sugerida). O resultado dará as diretrizes da necessidade de uma equipe maior ou menor.

O gráfico da Figura 9.3 descreve os momentos ideais para a contratação de uma equipe maior para mídias sociais. No eixo vertical, colocou-se a soma dos levantamentos sugeridos; no eixo horizontal, foi posto um valor capaz de agregar a capacidade financeira de estruturação e o interesse estratégico da empresa para os processos de mídias sociais.

FIGURA 9.3
Tomada de decisão para a configuração da equipe de mídias sociais

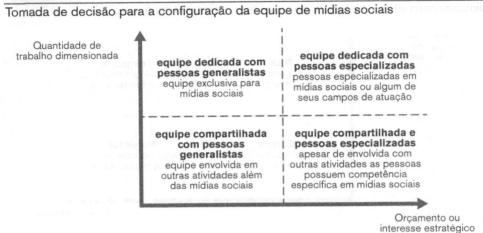

SMC Reference Number: 51

Estrutura: como deve ser o formato de trabalho?

Há alguns modelos que podem ser usados numa operação de monitoramento de mídias sociais, como mostra a Figura 9.4.

FIGURA 9.4
Os três formatos de trabalho e terceirização em mídias sociais SMC

	Terceirização simples pequena complexidade	Bridge média complexidade	Rede concentrada grande complexidade
Prós	• menor esforço para gerir • menor *headcount* • baixo custo	• menor esforço para gerir • menor *headcount* • baixo custo	• funcional para contexto com várias agências • gestão operacional é terceirizada
Contra	• distanciamento da gestão • risco de perda de controle operacional • baixa visão estratégica	• risco de sobrecarregar o profissional/equipe bridge • médio custo	• gestão de fornecedores • alto custo

SMC Reference Number: 52

Terceirizar é mais do que repassar a responsabilidade para um terceiro – é ganhar um novo membro da equipe

Uma empresa tinha uma agência terceirizada contratada para gerenciar o monitoramento de mídias sociais da marca. O trabalho foi iniciado às pressas para atender as exigências do diretor de marketing da empresa. Ninguém parou para definir com exatidão o tipo de processos e separação de responsabilidades, tudo foi feito no susto.

Poucos meses depois, ao avaliar os relatórios de gestão, o diretor de marketing percebeu que os indicadores apontavam para um afastamento entre a sua equipe e a operação da agência. No julgamento do diretor, isso era prejudicial para um processo tão estratégico como o monitoramento.

O diretor passou então a avaliar de modo mais próximo o dia a dia da agência e notou que havia inconsistências entre o que estava sendo feito e o que havia sido planejado. Por causa disso, a estrutura de trabalho foi alterada; seu gestor de mídias sociais passou a supervisionar a agência in loco *por alguns dias da semana.*

A terceirização traz alguns benefícios:

- Dá liberdade de análise e atuação para profissionais especializados e que têm inteligência no assunto;
- A empresa contratante ganha uma análise mais isenta do monitoramento – deixa-se de analisar pela paixão;
- O *headcount* necessário para gerenciar uma equipe terceirizada é muito menor que o *headcount* necessário para operacionalizar um monitoramento *in-house*; e
- A quantidade de profissionais capacitados e atualizados pensando no negócio pelo monitoramento pode gerar *insights* e evoluções mais apuradas e precisas.

> "O profissional que fizer mídias sociais deve conhecer a empresa em sua totalidade, ter seus valores, conhecer o negócio, sua causa"
>
> **William Malfatti**
> Diretor Corporativo de Marketing e Relações Institucionais do Grupo Fleury

Não terceirizar, contudo, é um risco de iguais proporções. Uma agência de mídias sociais tem escalabilidade, processos e conhecimentos que custariam muito tempo e esforço para a empresa alcançar sozinha. Alguns benefícios de não terceirizar a operação de monitoramento são:

- Mantendo o monitoramento *in-house*, há um ganho em importância estratégica e facilidade de integração das mídias sociais com o restante da empresa;
- Os fornecedores têm menos visão do *negócio* que uma equipe interna;
- Por ser um trabalho dedicado, há maior agilidade nos processos – e na gestão e apresentação dos resultados obtidos;
- O risco de haver algum ruído de comunicação entre os interesses do CEO/Diretor de Marketing e a equipe de operação de monitoramento é menor – e, se houver algum ruído, é mais facilmente controlado.

A melhor maneira de terceirizar

Há inúmeros indicadores e métricas que podem ser usados para quantificar e mensurar de modo mais preciso a necessidade ou não de terceirizar um processo de mídias sociais, como tamanho da marca, tamanho da equipe e volume de menções.

As métricas que escolhemos para decidir se haverá ou não teceirização devem ser poucas, simples e referentes a algumas famílias específicas.

Para facilitar a tomada de decisão, é recomendável que se avalie os seguintes fatores: **mercado** (tudo aquilo que diz referência ao contexto de contato entre a empresa e o mundo exterior: saúde da marca, contato com o consumidor, tipo de negócio e etc.), **recursos** (tudo aquilo que diz respeito a potencialidades internas da empresa: financeiros, humanos e etc.) e **importância estratégica** (referente ao tema

> "Até mesmo no mercado de agências, fazer monitoramento internamente sai mais caro. Ainda assim, muitas vezes os resultados são melhores e mais precisos"
>
> **Gustavo Hollatz**
> Gerente de Marketing Digital na McCann World Group MRM

mais intangível das três famílias). O fluxo da Figura 9.5 e a tabela da Figura 9.4 ilustram uma tomada de decisão possível.

Para cada uma dessas avaliações, é possível dar notas e pesos, o que facilita a decisão. Por mais que se metrifique esse tipo de informação com o objetivo de deixar o cenário mais tangível, esse tipo de cálculo pode se tornar um vício perigoso: o vício

> "Algumas coisas que se deve levar em consideração no momento de decidir ou não pela contratação de uma terceirizada são: tamanho da empresa e tipo de negócio. Se for uma empresa B2B, em que as mídias sociais não impactarão as vendas, terceirizar talvez seja o melhor caminho"
>
> **Ricardo Leite**
> Responsável pela estratégia de redes sociais da Vivo

FIGURA 9.5
Árvore de decisão SMC para definir o formato de trabalho em mídias sociais

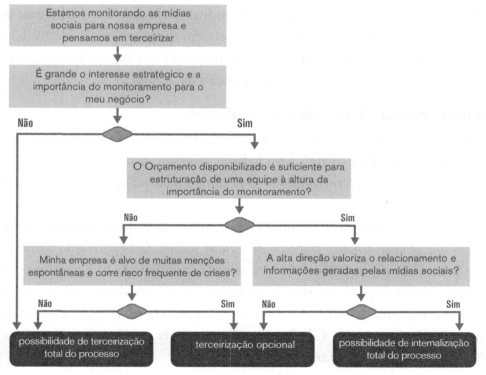

SMC Reference Number: 53

> "Para monitoramentos mais simples, como o de uma campanha publicitária pontual, é suficiente contratar uma ferramenta de monitoramento e fazer o processo internamente. É mais rápido e pode sair mais barato"
>
> **Gustavo Jreige**
> Sócio-Diretor da Agência Polvora

pelo número, que pode levar a quantificações irreais ou imprecisas.

A decisão poderá ser muito mais precisa se o gestor – ou o responsável pela palavra final – tiver sensibilidade e souber balancear as características mensuráveis com as características imensuráveis (ou não quantificáveis).

Além do cenário da equipe de marketing – orçamento disponível, necessidades mapeadas e etc. –, há um conflito de interesses em mídias sociais que impacta na decisão da terceirização ou não: a área de marketing e a área de produto, por exemplo.

Enquanto o modelo mais barato é centralizar os processos de mídias sociais em uma única agência e haver auditoria da área de marketing, o modelo mais isento, por sua vez, é aquele em que a operação de mídias sociais fica no núcleo de marketing e a auditoria fica com a área de produto – que mais se beneficia com a isenção da análise.

Terceirização de problema a solução

A maior empresa de logística do país conta com uma equipe de marketing com menos de dez profissionais para todos os processos, sendo que dois deles são focados em gerenciar fornecedores – o restante ajuda na operação e planejamento do marketing.

O CEO da empresa renunciou e seu substituto é um profissional mais jovem que sempre achou o trabalho de mídias sociais da organização bastante atrasado. Uma das primeiras decisões tomadas pelo novo CEO, portanto, foi a de dar mais força de marketing ao projeto de mídias sociais. O primeiro passo era fazer um monitoramento estratégico para ser usado pelo restante da empresa. Por isso, o novo CEO optou por criar uma equipe interna que seria dirigida pelo diretor de marketing.

O resultado foi desastroso. Meses de investimento em pessoal, em softwares

e em consultorias, mas os relatórios não estavam satisfazendo as expectativas de ninguém.

A terceirização é um risco que se corre. A empresa dá a responsabilidade por uma atividade, estratégica ou não, a uma terceira que se diz capacitada o suficiente para alcançar os melhores resultados. Essa é a explicação que o CEO citado no exemplo daria ao comentar a decisão pela não terceirização.

> "Alguns fatores que impactam a decisão de terceirização ou não do monitoramento é o momento da empresa do ponto de vista financeiro (se ela consegue sustentar um departamento interno), o quão crítico e estratégico é o monitoramento e qual é o tamanho da empresa"
>
> **Paula Romano**
> Co-fundadora da Lúcida

Num cenário de terceirização de mídias sociais, é evidente que a empresa perde o controle sobre algumas coisas – velocidade de processos, qualidade na contratação da equipe da agência e etc. Assim, perde-se o controle sobre o formato de trabalho ideal – a negociação passa por interesses distintos (qualidade por parte da empresa e escalabilidade de trabalho por parte da agência, por exemplo).

O software e seu grande impacto no trabalho de monitoramento

Independentemente do tipo de software contratado, há algumas características que devem ser analisadas em separado e ajudam a tomar a decisão no momento de compra:

- **Usabilidade**: é uma ferramenta intuitiva e de fácil manuseio?;
- **Estabilidade**: não há inconstância na captura de menções ou de aplicação de regras de tagueamento?;
- **Facilidade de diagnóstico**: os relatórios que são gerados *on-time* atendem às necessidades?;
- **Trial**: há a opção de período de teste?;

- **Tipo de diagnóstico:** os relatórios são feitos com gráficos simples e/ou que não descrevem o cenário desejado?;

- **Dados que captura:** captura os dados que a empresa precisa? Quais mídias sociais são monitoradas? Aceita filtros de buscas?;

- **Flexibilidade:** é possível deixar o software mais complexo por meio de APIs? Dá para criar regras específicas?; e

- **Confiança:** os dados capturados são confiáveis? É garantido que todas as menções que preciso estão ali?

A decisão pelo software que será usado, apesar de levar em consideração todas as características mencionadas, pode ser descrita resumidamente de acordo com o fluxo da Figura 9.6. Cada momento de inflexão acaba levando em conta indiretamente as características listadas. Tome dois exemplos: (1) uma empresa que tem o projeto de monitoramento como algo estratégico para o negócio (segundo ponto de inflexão) – esse caso certamente exigirá uma segurança tanto de acesso quanto de back-up de banco de dados; (2) uma empresa precisa do software para várias etapas do processo de monitoria, por isso, a estabilidade e flexibilidade para a integração com outros softwares se tornam características benquistas.

> "O profissional não precisa ser um heavy user de todas as redes sociais – basta conhecê-las. No que diz respeito à ferramenta de monitoramento, isso custa algumas poucas horas de ensinamento"
>
> **Rosângela Martins**
> Supervisora de Mídias Sociais da W/McCann

FIGURA 9.6

Árvore de decisão SMC para definir o formato de trabalho e terceirização em mídias sociais SMC

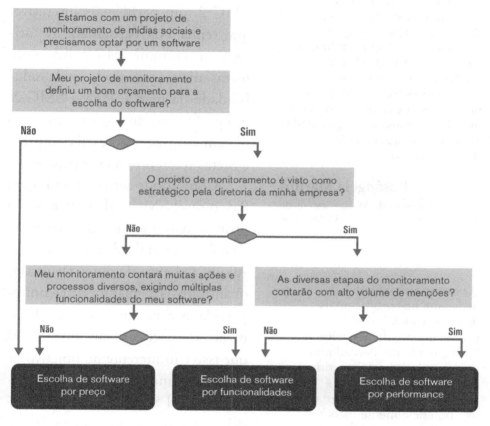

SMC Reference Number: 54

O perfil da equipe que faz o monitoramento

Nem publicitário, nem marketeiro, nem relações públicas, nem jornalista: profissional de mídias sociais

As competências e habilidades dos profissionais que cuidarão das mídias sociais variam para cada nível de maturidade da empresa. Para

> "Quem quer trabalhar com mídias sociais precisa ter três características principais. A primeira delas: deve ter base de comunicação – seja em publicidade, relações públicas, jornalismo. A segunda é o conhecimento básico de redes sociais e estar atento às mudanças que acontecem nesse mundo. A última é a capacidade analítica e a organização de pensamento."
>
> **Rosângela Martins**
> Supervisora de Mídias Sociais da W/McCann

> "O que, normalmente, mais falta nos profissionais de mídias sociais é o conhecimento de negócios e do segmento de mercado no qual a empresa está inserida. Esse tipo de profissional é naturalmente mais contestador, tem potencialmente mais competência em engajar o público"
>
> **Fernando Migrone**
> Especialista de Mídia e Marketing Digital na América Latina

a SMC 1, um perfil mais *broadcast*, que tenha boa capacidade analítica e tenha metas numéricas. Para a SMC 2, um perfil mais interativo, que tenha boa capacidade de ativação e comunicação e lide com metas mais intangíveis — de salubilidade da marca. Para a SMC 3, um perfil mais de negócio, com conhecimento de valores da empresa e metas referentes a engajamento.

Como pode ser visto na Figura 9.8, o nível SMC 1 dá preferência a profissionais que entendam bastante da cultura digital e de mídias sociais. Assim, a chance de obter resultados quantitativos é maior. Em contrapartida, a experiência e o conhecimento de negócios são menores, já que isso é indiferente no objetivo de alcançar grandes números.

O nível SMC 2 é um intermediário que preza mais por profissionais que tenham capacidade de se relacionar continuamente com o público — e, por se tornarem porta-vozes da empresa, é natural que tenham maior conhecimento do negócio.

FIGURA 9.7
O perfil e competências do profissional de mídias sociais SMC

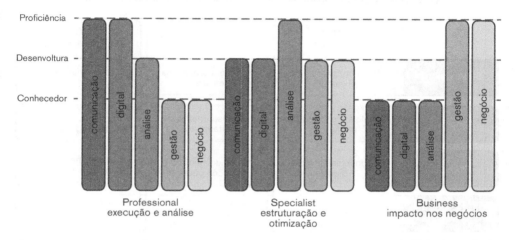

SMC Reference Number: 55

Por fim, o profissional de uma empresa SMC 3 tem um grande diferencial: a de ser um profundo conhecedor dos valores de sua marca. As outras competências são coadjuvantes – porém importantes – e são ferramentas para o sucesso esperado.

O destaque feito na Figura 9.7 enfatiza o principal delineador de um analista por nível de maturidade. É possível observar que há outras competências que se repetem em níveis de maturidade similares. A escala (Professional, Specialist e Business) diz respeito não só ao nível de conhecimento para cada uma das competências, mas também à profundidade e constância de uso delas. Se um profissional com MBA está fazendo pouco uso de negócio para o seu monitoramento, enquanto outro analista com muitos anos de casa faz uso de seu médio conhecimento de negócio, é possível dizer que o primeiro está tendo um comportamento mais próximo a de um Comunicólogo, enquanto o segundo está mais próximo de um Community Manager.

Se há essa diferenciação geral nos profissionais contratados para cada nível SMC, há também as competências e características distintas para cada função/tarefa de mídias sociais para cada nível de maturidade.

FIGURA 9.8
Características por tarefa do profissional de mídias sociais em cada nível SMC

	SMC1 Agilidade	SMC2 Relevância	SMC3 Engajamento
Supervisionar	Foco em processos eficientes	Foco em processos eficazes	Foco em integração de mídias sociais
Analisar	Analisar com viés de marketing	Analisar métricas intangíveis	Analisar com viés de negócio
Planejar	Conhecimento de digital	Conhecimento de relações públicas	Conhecimento do negócio da empresa
Classificar	Agilidade	Conhecimento do processo de análise de mídias sociais	Conhecimento do processo de mídias socais
Ativar	Capacidade *broadcaster*	Conhecimento de públicos estratégicos	Foco em potenciais advogados de marca
Atender	Foco na agilidade no atendimento	Foco no atendimento eficiente e eficaz	Capacidade de observar oportunidades de melhorias para o produto
Relacionar-se	Capacidade *broadcaster*	Foco em riqueza da interação	Foco no engajamento

SMC Reference Number: 57

A Figura 9.8 descreve *papéis* e não *cargos*, por uma questão de abrangência: há casos em que há tarefas compartilhadas ou dedicadas a profissionais.

Como escalar meu time?

O primeiro passo para a implantação de um processo de mídias sociais é a definição do compartilhamento ou não das tarefas essenciais. Depois disso, o gestor fará um levantamento dos profissionais disponíveis para ocupar as tarefas.

Essa escolha de qual profissional participará de cada etapa é um demonstrativo do nível de maturidade atendido pela empresa. Se tomarmos

o exemplo de passagem do *briefing* para a equipe de mídias sociais, citado anteriormente, a empresa pode optar por delegar a tarefa a um gerente de marketing. Ao fazê-lo, a empresa demonstra que tal atividade não é estratégica – ou não é tão estratégica quanto em uma empresa que, por exemplo, delega tal função a um diretor de marketing.

> "É possível ter um gerente de conta que planeja isoladamente, mas nesse caso é fundamental que o profissional que faz a análise esteja próximo no dia a dia. O analista deve estar envolvido no processo de planejamento"
>
> **Amanda Cristina de Oliveira**
> Analista de Mídias Sociais
> do Grupo MTCom

Ao definir o nível de maturidade de uma empresa de acordo com essa escolha dos profissionais para as tarefas, corre-se um risco de ser impreciso, irreal ou inexato. De modo genérico, dividimos os níveis de maturidade como se vê na tabela da Figura 9.9. Gradativamente, do nível SMC 1 ao SMC 3, há mais atores envolvidos direta e indiretamente nos processos de mídias sociais.

FIGURA 9.9

Áreas e pessoas envolvidas na atuação com mídias sociais para cada nível SMC

	SMC1	SMC2	SMC3
Quem atua diretamente com mídias sociais	Núcleo de MS	SMC 1 + gerência de Marketing	SMC 2 + gerência de outras áreas
Quem indiretamente atua com mídias sociais	Gerência de marketing e comunicação	Outras gerências	Diretoria (*board*)
Quem pode atuar com mídias sociais	Outras gerências	Diretoria (*board*)	Interessados

SMC Reference Number: 57

Definir Processo: para saber quem joga em que posição

Uma vez feito o planejamento completo da atuação em mídias sociais, já é possível criar um simulador de quais serão as principais necessidades, bem como quais são as competências necessárias para atendê-las. Em paralelo, o responsável pela criação do núcleo de mídias sociais deve levantar quais são os profissionais que estarão a sua disposição. Assim, o gestor terá de fazer um cruzamento de vagas a serem preenchidas e de profissionais que as preencherão.

O planejamento do monitoramento criará as demandas das tarefas — que, consequentemente, criam demandas de competências. Deve-se fazer um balanço da listagem das demandas com as disponibilidades de equipe, estrutura e recursos de modo geral (financeiros, humanos, infraestrutura e etc.). A solução para a estruturação da equipe é definir tarefas diferentes para um mesmo profissional, por exemplo.

A escolha por dedicar ou compartilhar as tarefas pode ser feita tomando como base uma tabela com vantagens e desvantagens de cada um dos cenários.

No micro ambiente — ou seja, no núcleo de mídias sociais —, há profissionais específicos, com cargos criados nos primeiros anos de atuação em mídias sociais. No macro ambiente — ou seja, nas áreas mais gerenciais, diretivas e executivas —, há a necessidade de uma nova integração. De modo simplificado, os personagens que participam no micro ambiente de mídias sociais nas empresas podem ser desenhados de acordo com um diagrama simples.

Grosso modo, a descrição das funções mostradas na Figura 9.8 é:

- **Planejar:** profissional responsável por fazer as principais evoluções nos processos e pensar as mídias sociais como um todo;

- **Supervisionar:** profissional que faz a gestão de toda a operação em mídias sociais, ele está em contato direto com a equipe operacional;

- **Analisar:** profissional que faz os relatórios e análises dos resultados de mídias sociais. É quem agrega valor ao trabalho realizado pelo restante da equipe de mídias sociais;

- **Classificar:** é aquele profissional que opera com maior proximidade o monitoramento, fazendo uso do plano de classificação;
- **Atender:** profissional responsável por usar o monitoramento para realizar o SAC;
- **Ativar:** é o profissional responsável por fazer as campanhas e gerar conteúdo para os canais sociais. Usa o monitoramento como fonte de *insights*; e
- **Relacionar-se:** é o profissional que está no dia a dia acompanhando e entrando em contato com os consumidores pelos canais sociais. O monitoramento é a principal maneira de encontrar os usuários com quem se relacionar.

As funções básicas em mídias sociais podem tanto ser dedicadas ou compartilhadas pelos profissionais da equipe/agência – isso varia de acordo com as necessidades e possibilidades caso a caso.

FIGURA 9.10

Atividades por profissional de acordo com cada formato de trabalho SMC

	Terceirizado simples	Bridge	Rede concentrada
Analisar	Analista agência + Analista empresa	Analista empresa	Analista agência
Classificar	Classificador agência	Classificador agência + Classificador empresa	Classificador agência
Supervisionar	Gerente empresa	Gerente empresa	Gerente agência + Gerente empresa

SMC Reference Number: 59

Independentemente da escolha feita para cada uma das tarefas – se compartilhadas ou dedicadas –, há uma série de práticas que não dizem respeito à rotina de mídias sociais, mas sim de sua presença no dia a dia da empresa.

São exemplos dessas práticas:

- Analisar o relatório confeccionado;
- Analisar os relatórios de gestão; e
- Validar as evoluções de planejamento.

Igualmente às tarefas essenciais citadas anteriormente, as práticas acima podem ser colocadas em um gráfico similar, verificando a necessidade ou não de a prática ser realizada.

Do mesmo modo, essa avaliação pode ser feita levando em consideração os cargos e interesses das agências terceirizadas.

A escolha das *keywords* (palavras-chave) do monitoramento

O relatório do monitoramento que a equipe fez estava, de fato, inverossímil. Isso foi resultado de um equívoco no momento de configurar os termos de busca (keywords). O nome da empresa não é em português, e muitos clientes têm dificuldades de digitar seu nome corretamente — muitas menções foram perdidas.

A definição correta das *keywords* vai garantir eficiência para o monitoramento como um todo: desde a escolha do software até o dimensionamento da equipe necessária.

Antes da escolha das *keywords* exatos, é preciso saber qual é o tipo de monitoramento – se temático (tênis, calçados, sapatos e etc.), de marca (empresa A, produto um, produto dois e etc.) ou de concorrência (empresa B, empresa C, produto Z, produto Y e etc.). O tipo de monitoramento, como visto anteriormente, é decidido nas etapas iniciais de mensurar, de acordo com o fluxo de trabalho SMC

em mídias sociais. Assim, as *keywords* variarão de acordo com o objetivo do monitoramento.

Independentemente disso, como essa é uma etapa que impactará tanto no resultado do monitoramento quanto no dimensionamento e eficiência do processo como um todo, a empresa precisa ser bastante precisa na escolha das *keywords*. Isso não significa apenas listar todos os produtos e o nome da empresa e suas marcas – significa listar também as palavras que podem fazer referência a sua empresa.

Cada caso deve ser tratado especificamente, mas é possível ter como diretriz geral os seguintes pontos:

- **Erros de digitação:** quais são os erros de digitação que podem ocorrer com as *keywords*? (colher X culher, sabão em pó X sabão em pó e etc.);

- **Apelidos:** os termos buscados podem ser substituídos por apelidos pejorativos ou não? Esse caso é comum para marcas que acabam gerando muito amor ou ódio por parte de seus clientes (times de futebol, empresas muito mal vistas no mercado, por exemplo);

- **Nomes errados:** se o nome é estrangeiro, quais são os modos "abrasileirados" de escrevê-lo? (Burguer Kingue X Burger King e etc.);

- **Frases correlatas:** o slogan do produto/marca é tão famoso que merece ser buscado a parte? Há algum outro tipo de terminologia correlata, como músicas/jingles?; e

- **Personagens:** há nomes de personalidades que estão atrelados a sua marca (Steve Jobs, Apple, Bill Gates, Microsoft, Ronaldo "Fenômeno", Nike e etc.).

O melhor teste para encontrar *keywords* correlatas é fazendo testes nos buscadores das mídias sociais que serão monitoradas e vendo qual é o resultado – só assim se saberá de fato o que será encontrado.

Implementar com cuidado para o planejamento virar realidade

Por melhor que tenha sido feita a escolha da equipe e sua implantação, o monitoramento não será perfeito se este for feito a partir de um planejamento equivocado ou não testado. É muito comum errar na sintaxe da busca ou então em termos buscados (sinônimos e variantes), o que acaba atrapalhando o monitoramento, mas que pode ser facilmente corrigido.

Para que o teste seja completo, alguns pontos (ora técnicos, ora de equipe) devem ser levados em consideração para análise:

- **Plano do software de monitoramento**: é suficiente? Suportará o volume de menções e todas as projeções feitas? Atende de fato às necessidades?;
- **Variedade de menções**: meu plano de classificação consegue abranger todas as menções?;
- **Buscas feitas**: falta alguma informação que não foi monitorada com as buscas definidas? Há como otimizar as buscas (mudando sintaxe, por exemplo)?;
- **Processos definidos**: há como desburocratizar a rotina? É possível criar novos passos para que se garanta melhor qualidade?; e
- **Equipe dedicada**: a estruturação foi acertada? Há necessidade de mais pessoas? As competências previstas para cada profissional atendem às necessidades existentes?.

Uma prática aconselhável é a de realizar um piloto de algumas semanas (a definição exata do período de teste varia claramente com a complexidade do processo e com a urgência para o início do monitoramento). Nesse período, há tanto auditoria por parte de estrategistas, supervisores, gestores e gerentes, quanto também há uma constante realização de calibrações. Há casos ainda em que a empresa faz ao menos um ano de

monitoramento com um olhar crítico – um monitoramento piloto de um ano – pois só depois desse período é que se aprende de fato a que sazonalidades a marca está suscetível.

Apesar de nesse momento já ser tarde o suficiente para deixar de ter quatro para ter três classificadores, é possível que se perceba uma necessidade diferente em outra área e haja um remanejamento de equipe. Também nesse momento é comum haver novas versões dos processos e planos desenhados em momentos anteriores.

Na fase piloto – ou no "ano piloto" – uma boa prática é agir de modo a saturar ou estressar a estrutura operacional ao extremo, para saber, de fato, se o planejado atende as expectativas, inclusive em cenários tidos como incomuns. É também nessa etapa em que se avaliarão detalhes como nível de uniformidade no uso do plano de classificação, capacidade de os processos atenderem à SLA e outros indicadores.

O gráfico na próxima página descreve um modo de avaliar o sucesso de um piloto. A partir dos indicadores técnicos e de equipe listados, é possível gerenciar uma escala para compreender o resultado do piloto – onde melhorar. Para cada item listado anteriormente, pode-se dar uma nota dentro de uma mesma escala, a fim de descobrir o nível de eficiência técnica e processual. De acordo com a posição do *mix* de eficiências encontrado, descobre-se o que deve ser melhorado. Essa ferramenta é uma diretriz e pode se adaptar de acordo com outros contextos – conter, por exemplo, outros indicadores técnicos e de equipe.

FIGURA 9.11

Avaliação e medidas a tomar no monitoramento de mídias sociais piloto

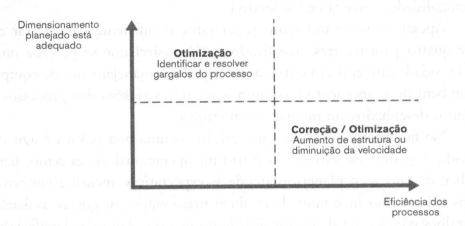

SMC Reference Number: 60

O núcleo de mídias sociais atende a toda a empresa

O núcleo de mídias sociais tem uma dinâmica própria que funciona de modo independente, ainda que seja subordinado a um núcleo terceiro (comunicação ou marketing, por exemplo). Esse é o seu "estágio natural": ser subordinado às necessidades desses núcleos terceiros. O objetivo desse capítulo é mostrar como integrar o núcleo de mídias sociais aos responsáveis pela empresa em sua perspectiva mais abrangente.

Para tanto, os profissionais descritos anteriormente deverão se responsabilizar por algumas tarefas cujos objetivos são integrar e sair desse "estágio natural". De modo similar, a diretoria deve fazer esforços nesse sentido. Algumas boas práticas que colaboram são:

- Envio de relatórios com *highlights* periodicamente para outras diretorias/gerências;

- Apresentação de um relatório condensado para o CEO;

- Planejar relatórios e evoluções no monitoramento com sugestões/apresentação de ideias de outras gerências;

- Sugerir a outras áreas que participem do *briefing* ou de alguma evolução na estratégia do monitoramento;
- Direcionar *highlights* críticos do dia para as áreas que possam se interessar;
- O CEO ter acesso à ferramenta de monitoramento, onde poderá observar os indicadores de salubilidade de sua empresa em mídias sociais e os principais KPIs; e
- Aprovar grandes decisões do núcleo de mídias sociais com os diretores/gestores.

Para que a integração de mídias sociais se dê por completo, é necessário haver empenho e esforço de profissionais-chave — ora rotineiro, ora pontual; ora formalizado, ora informal —, principalmente, sob a ótica executiva e diretiva. O fim a que se deseja chegar é uma proximidade maior de outras áreas nos processos de mídias sociais. Com as boas práticas elencadas anteriormente, um caminho que pode ser traçado para atingir o objetivo de integração é o de definir tarefas e responsabilidades para cada um dos profissionais, criando uma rotina de maneira maleável.

O acompanhamento do trabalho com mídias sociais varia de acordo com o nível de maturidade da empresa

Apesar de haver gestão em todos os níveis de maturidade, há alguns pontos com divergências. Uma delas é o momento em que as avaliações de equipe e evoluções são feitas — elas variam de acordo com o empenho, a motivação e a pré-disposição da empresa.

O nível SMC 1 é caracterizado por evoluções reativas a um momento pontual de crise ou de confronto com o sucesso dos concorrentes, por exemplo. Isso significa que evoluir táticas em mídias sociais tem prioridade pequena no dia a dia de uma empresa nível SMC 1 e que outros projetos rotineiros de comunicação e marketing são mais importantes e estão mais arraigados na cultura empresarial.

Já no nível SMC 2, dá-se importância maior para evoluções em mí-

dias sociais, de modo que há uma periocidade e um processo definidos. Processos definidos são, por natureza própria, ajustes que estimulam algo que não é natural ou espontâneo, porém demonstram que a empresa tem algum interesse estratégico no bom trato com as mídias sociais.

É justamente nesse ponto que o nível SMC 3 se difere: em vez de ser um trabalho burocratizado e estimulado forçosamente, evoluir mídias sociais é uma atividade espontânea feita naturalmente, durante a rotina de trabalho. Por esse motivo, as evoluções não acontecem para responder a uma necessidade ou a um obstáculo encontrado, pelo contrário, elas são feitas por autenticidade e criatividade, descrevendo um traço bastante forte de uma cultura voltada para as mídias sociais.

Outro ponto de divergência entre os níveis de maturidade é no que diz respeito às pessoas que estão no fluxo de produção e consumo dessas evoluções. Uma empresa SMC 1 departamentaliza mídias sociais, de modo a deixar sob sua total responsabilidade a produção e compreensão das evoluções. Já no nível SMC 2, há níveis de gerência que entram no fluxo, agregando valor e visão estratégica ao processo.

Um relatório de gestão para níveis SMC 1 e 2 fica restrito aos diretamente afetados com as conclusões e análises (núcleo de mídias sociais e gerência de marketing/comunicação, respectivamente). Os níveis SMC 1 e 2 são mais pragmáticos e focados em resultados a curto prazo, o que justifica o fato de o relatório de mídias sociais ficar restrito à equipe de mídias sociais e adjacências.

Novamente, numa organização SMC 3, há uma integração natural em todas as etapas do fluxo de produção e consumo das avaliações e evoluções. As mídias sociais estão sob os olhares da empresa como um todo. De modo geral, os relatórios são acessíveis a todos os núcleos e interessados para empresas SMC 3.

Assim como em outras etapas do monitoramento, como visto no decorrer desse livro, há vantagens e desvantagens em cada um dos extremos da escala de maturidade: ao mesmo tempo em que uma gestão SMC 1 é mais ágil, eficiente e atende a objetivos pontuais e do momento, ela tem desvantagens de superficialidade de dados e desintegração na tomada de decisão. O mesmo acontece com uma gestão SMC 3, que é mais profunda, precisa, certeira e estratégica, porém conta com um grande esforço por parte de uma grande parcela da empresa para que seja realizada.

O fluxograma da Figura 9.12 resume como as empresas definem as evoluções dos processos de monitoramento e como se enquadram nos diferentes níveis de maturidade.

FIGURA 9.12

Diagnóstico do nível de maturidade SMC da evolução dos processos do núcleo de mídias sociais

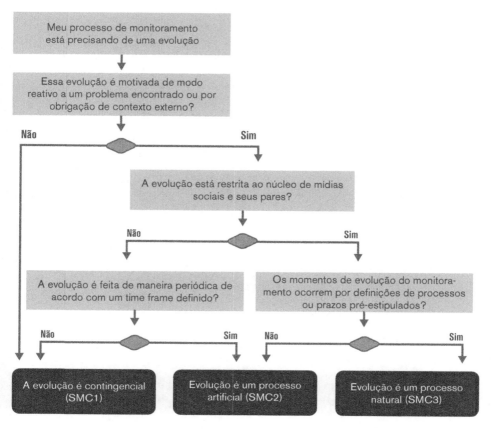

SMC Reference Number: 59

CAPÍTULO 10
ANALISAR: TRANSFORMANDO DADOS ISOLADOS E DESCONTEXTUALIZADOS EM INFORMAÇÕES RELEVANTES

CAPÍTULO 10
ANALISAR: TRANSFORMANDO DADOS ISOLADOS E DESCONTEXTUALIZADOS EM INFORMAÇÕES RELEVANTES

A etapa de "analisar" da metodologia SMC é o momento em que não só é feita a análise dos dados capturados, como também a comunicação dessa análise e a melhoria do processo como um todo. Essas três atividades estão descritas abaixo:

- **Analisar (tranformar os dados)**: fazer a leitura comparativa dos dados extraídos de modo a reconhecer tendências, avaliar ciclos e compreender o contexto. Essa etapa deve ser feita de modo amplo, tentando compreender o ambiente macro no qual o processo de mídias sociais está inserido;

- **Comunicar (compartilhar a informação)**: o resultado da análise precisa ser compartilhado da forma mais objetiva e funcional possível. Uma empresa é um agrupamento complexo de núcleos com interesses diversos; quanto mais núcleos tiverem acesso às informações, mais processos podem ser impactados com as análises feitas; e

- **Melhorar (usar o conhecimento)**: a partir do resultado da análise compartilhada com o restante da empresa, a próxima etapa é adaptar os processos atuais de modo a melhorá-los de acordo com as necessidades e sugestões apontadas pelas áreas da empresa que viram a análise.

Há inúmeras maneiras de transformar os dados brutos obtidos no processo de captura de um monitoramento em informação tangível e relevante para toda a empresa. Grosso modo, há três formatos de análise padrão que podem alcançar esse objetivo:

- **Análise pelo dado absoluto**: é a análise mais intuitiva. Diz respeito ao dado bruto, absoluto. Exemplos de análise por dados absolutos: "a empresa é muito bem vista quando se pensa no produto A, com 57% do público falando positivamente, mas o atendimento pós--venda é visto como lento";

- **Análise por progressão**: faz referência a uma linha progressiva. Exemplos: empresas que avaliam semanalmente os dados e estudam a evolução num período de tempo; produtos que sofrem com a sazonalidade, como produtos para praia ou aquecedores. Mas mesmo produtos que não sofrem com sazonalidade podem ser estudados sob uma ótica progressiva, a fim de se avaliar a evolução de um determinado aspecto no decorrer do tempo; e

- **Análise por comparação**: apesar de a análise por progressão ser comparativa no que diz respeito ao âmbito temporal, aqui entenderemos "análise por comparação" aquilo que trouxer elementos externos. É o caso de, por exemplo, avaliar o sucesso ou fracasso de uma determinada ação de *branding* de acordo com o que os concorrentes alcançaram.

> "Usar poucas formas de análise ou análises superficiais num monitoramento é como comer as migalhas de um bolo, em vez de todo o bolo e a cereja"
>
> **Estevão Soares**
> Proprietário da consultoria Estrategi.ca

FIGURA 10.1

Três formatos para análise de um monitoramento

	Absoluto	Progressivo	Comparativo
Modo avaliativo	Dado bruto	Dado contextualizado no tempo	Dado contextualizado por elementos externos
Objetivo principal	Fazer avaliação com o viés do objetivo da empresa	Reconhecer a evolução de um cenário	Reconhecer vantagens competitivas
Requisitos	Fazer avaliação com o viés do objetivo da empresa	Reconhecer a evolução de um cenário	Dados paralelos (de origem externa) aos que são extraídos na empresa

SMC Reference Number: 60

Apesar de serem traçados apenas três tipos de análise para os dados obtidos no monitoramento, é importante considerar a avaliação por todos os parâmetros possíveis – e não só pelo dado absoluto, progressivo ou comparativo. Uma vez que se avalia por diversas vertentes, a tomada de decisão passa a ser embasada por dados mais fidedignos.

A metodologia SMC apresenta dez modelos de análise que se enquadram nas três grandes famílias citadas acima. Para conseguir chegar a uma conclusão plena, é sugerido que os modelos sejam usados de modo concomitante. São eles:

1. Análise por Termos mais citados (absoluto);

2. Análise por Sentimento (absoluto);

3. Análise por Categorização das menções (absoluto);

4. Análise por Horário de menções (absoluto);

5. Análise por Hypes nos gráficos (progressivo);

6. Análise por Sazonalidade simples (progressivo);

7. Análise de Sazonalidade por mineração de dados (BI) (progressivo);
8. Análise por Concorrência (comparativo);
9. Análise por Exposição versus Vendas / Cliente (comparativo); e
10. Análise por Audiência e Relevância de autores (comparativo).

Cada um desses métodos avaliativos faz parte de uma categoria e traz características próprias no que diz respeito à precisão informativa e ao esforço, em tempo e equipe, dedicado.

Análise por termos mais citados

O monitoramento traz um aglomerado de citações e menções que são compostas por termos que se atrelam à sua marca. A análise por termos mais citados é, portanto, um modo de reconhecer a quais termos sua marca está mais atrelada. A análise é feita pelo dado absoluto.

Pela simplicidade característica, fica evidente que essa é uma análise pouco precisa. Isso porque existe um alto risco de ela trazer associações indevidas. Por essa estratégia de análise, é possível perceber, por exemplo, que 85% das citações a uma marca estão ligadas ao termo "recomendo", mas que 77% do total também estão atreladas à hashtag "#not", o que dificulta a avaliação final – afinal, os clientes recomendam a marca e usam a hashtag em outro contexto ou, pelo contrário, era justamente uma forma de descrever uma ironia sobre a recomendação?

Em contrapartida a dificuldade de ter informações precisas, essa análise é uma das maneiras mais rápidas de trazer uma estimativa da saúde de uma marca e contextualizá-la.

ANALISAR: TRANSFORMANDO DADOS ISOLADOS E DESCONTEXTUALIZADOS EM INFORMAÇÕES RELEVANTES

FIGURA 10.2

Tipos de análise – Por termos citados (1)

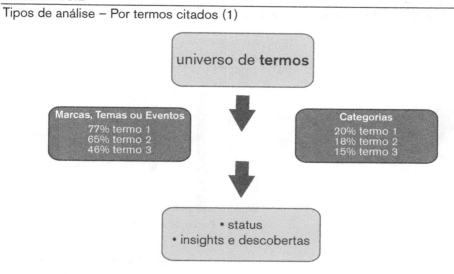

SMC Reference Number: 61

Análise por Sentimento

Essa análise se dá na avaliação quantitativa simples do total de menções para cada um dos parâmetros da avaliação de sentimento – positivo, negativo, neutro e quaisquer outros níveis na escala definida. Assim, é possível ter uma noção quantitativa da saúde da marca. Se 65% das menções são positivas, 15% são negativas e 20% neutras, têm-se como média uma ligação da empresa a valores positivos – mas não se consegue precisar o que determina essa positividade.

Para que essa análise seja feita de um jeito mais fácil, principalmente no momento de operacionalização, é bom lembrar que é preciso contar com um plano de classificação bem feito.

FIGURA 10.3

Tipos de Análise – Por Análise de sentimento (2)

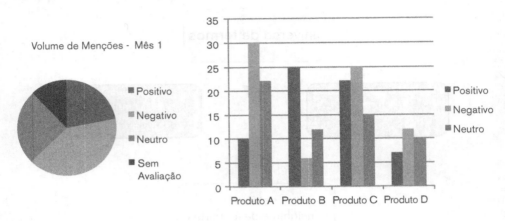

SMC Reference Number: 62

Análise por categorização das menções

Com a análise por categorização das menções, é possível saber que 25% das menções falavam sobre o produto A, 40% falavam sobre uma experiência pós-compra do cliente, 30% requeria um atendimento. Essa informação, se tomada isoladamente, não consegue delinear como, de fato, a empresa está sendo vista por seus consumidores.

Por serem complementares, é interessante – e bastante proveitoso no sentido informativo – agrupar as informações da análise por categorização com a análise de sentimento.

ANALISAR: TRANSFORMANDO DADOS ISOLADOS E DESCONTEXTUALIZADOS EM INFORMAÇÕES RELEVANTES

FIGURA 10.4

Tipos de Análise – Por categorização (3)

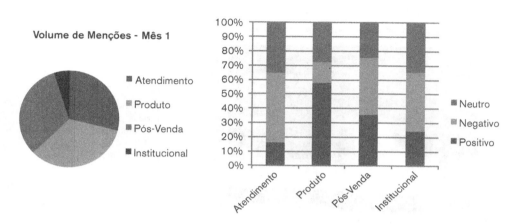

SMC Reference Number: 63

Análise por horário de menções (comparativo)

Essa análise pode trazer tanto resultados recorrentes quanto *insights* muito mais representativos. Pode-se descobrir, por exemplo, em qual horário as pessoas mais postam mensagens negativas sobre o atendimento feito pela equipe técnica. Essa informação pode servir de indício para que mais atendentes capacitados sejam contratados para resolver as dúvidas dos clientes no horário indicado.

A Figura 10.5 traz um modelo de gráfico para análise usando como recorte o volume de menções de uma empresa.

FIGURA 10.5

Tipos de Análise – Por Horário das menções (4)

Postagem de conteúdos ao longo da semana

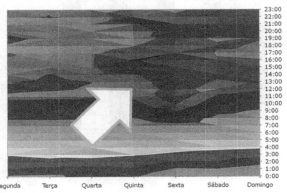

*esse gráfico foi desenvolvido pela DP6 no estudo "Monitoramento de Cervejas" em Jan/2010

SMC Reference Number: 64

Análise por Hypes nos gráficos

O primeiro dos formatos de análise progressiva, que será explorado aqui, traz os dados do monitoramento agrupados de acordo com a variável temporal – por esse motivo ele está categorizado como uma análise *progressiva*. Desse modo, é possível, além de encontrar padrões e sazonalidades, definir pontos fora da reta – pontos que dizem muito a respeito da influência do meio externo e do contexto sobre uma empresa. Para esse tipo de valores anormais, que não eram esperados, damos o nome de *hype*, ou seja, um pico no volume de menções em um dia inesperado, uma baixa não prevista num dia de grande atividade publicitária e etc.

Ao encontrar pontos que fogem do padrão, é possível repensar quais foram as estratégias usadas no contexto para que se tivesse tal cenário, bem como quais são as ações que podem ser feitas para prolongar ou não os efeitos desses *hypes*. A Figura10.6 descreve um exemplo padrão dessa análise.

ANALISAR: TRANSFORMANDO DADOS ISOLADOS E DESCONTEXTUALIZADOS EM INFORMAÇÕES RELEVANTES

Bem como o restante das análises sugeridas até aqui, o gráfico por *hype* resulta em conclusões insuficientes ou parciais. Pode-se confrontar a análise por *hype* com, por exemplo, as análises de sentimento, categorização ou termos relacionados.

FIGURA 10.6
Tipos de Análise – Por *Hypes* (5)

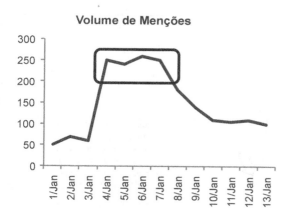

SMC Reference Number: 65

Análise por Sazonalidade

Uma empresa que faz uso da análise por *hype* por muito tempo passa a conseguir ver picos positivos ou negativos recorrentes, são as chamadas sazonalidades, ou seja, comportamentos padrões que sofrem recorrentemente com uma determinada característica do meio externo à empresa. Um exemplo comum a sites de e-commerce, de maneira geral, é a queda no número de acessos e de compras em finais de semana; o que pode parecer um *hype* num primeiro momento pode ser efeito de sazonalidade. É comum encontrar sazonalidades semanais, mensais e anuais (pensando em períodos específicos, como finais de semana, começo de mês, meses festivos e etc.).

É vantajoso que se avalie a sazonalidade de acordo com parâmetros diversos, mesclando com outros tipos de análise, variando conforme o interesse envolvido. Um gráfico por sazonalidade simples, combinado com outro de análise de sentimento, pode descrever o momento mais propício para que os clientes de uma empresa, por exemplo, produzam mais menções positivas.

FIGURA 10.7
Tipos de Análise – Por sazonalidade (6)

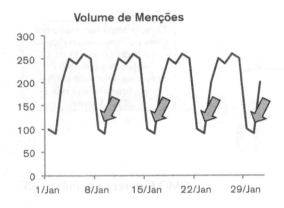

SMC Reference Number: 66

Análise por mineração de dados (BI)

Se uma análise por sazonalidade descreve um momento (temporal) ideal para que um determinado cenário se desenvolva (*hypes* de menções positivas que costumam acontecer no final das sextas-feiras, por exemplo), a análise por mineração de dados permite dar um passo adiante e descrever com mais detalhes o contexto que permitiu tal cenário – é o chamado BI (*business inteligence*).

Nesse tipo de análise, é preciso trazer dados e informações não tão evidentes em um primeiro olhar. Eles não vêm apenas das mídias sociais

ANALISAR: TRANSFORMANDO DADOS ISOLADOS E DESCONTEXTUALIZADOS EM INFORMAÇÕES RELEVANTES

em si, mas também de fatores que as extrapolam como eventos que ocorreram no mundo *off-line* (feriados, campanhas publicitárias paralelas, histórico de vendas, ações de merchandising, etc.). Quando pensamos em mineração de dados das mídias sociais, remete-se a vários tipos de análises e cruzamentos como: os termos mais citados, com categorização, sentimento, horário de menção, e uma amostra das menções.

Apesar de ser um método analítico bastante complexo e elaborado, podemos considerá-lo um dos métodos mais completos. Para fazer esse tipo de análise, é preciso haver um grande número de dados disponíveis, tempo e, principalmente, uma grande capacidade de análise da equipe.

FIGURA 10.8
Tipos de Análise – Por mineração de dados (BI) (7)

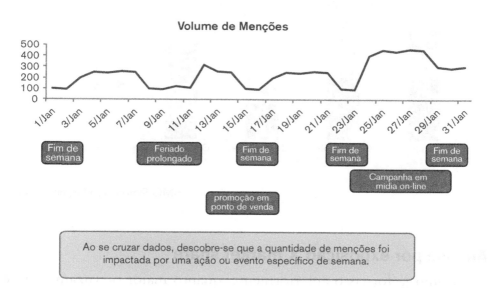

SMC Reference Number: 67

Análise por concorrência

Essa análise comparativa é aquela que usa um dos modelos anteriormente citados (análise do tipo absoluta) e os confronta com os mesmos parâmetros para um concorrente – seja empresa, produto ou evento.

Ao observar esses gráficos, é possível ver como está o restante do mercado nos mesmos indicadores que você toma como prioritários. A principal vantagem disso é ter uma referência para os dados capturados, ou seja, sabemos o quão significativo é um determinado valor ao comparar com o mercado.

FIGURA 10.9
Tipos de análise – Por concorrência (8)

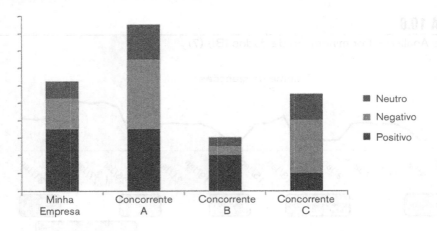

SMC Reference Number: 68

Análise por exposição X market share

Como já foi visto anteriormente, quanto maior o cruzamento de dados entre o mundo de *social*, on-line e off-line, maior será o valor da informação para o negócio. Um dos dados que mais agrega valor à análise é a que se refere às vendas, obviamente pelo impacto que isso gera na empresa.

ANALISAR: TRANSFORMANDO DADOS ISOLADOS E DESCONTEXTUALIZADOS EM INFORMAÇÕES RELEVANTES

Pensando em negócio, uma boa métrica e viés para fazer a comparação entre mundo off e on é a que diz respeito a *share* – tanto de mercado (participação de uma empresa no total do mercado), quanto o de conteúdo em mídias sociais (número de menções, número de postagens próprias, número de menções positivas e etc.).

Essa comparação – se colocada numa variável temporal – serve para avaliar qual o impacto das mídias sociais no negócio e vice-versa. Além disso, ela revela o valor financeiro das mídias sociais – ter um grande *share* de menções pode não ser equivalente a *share* de mercado.

FIGURA 10.10
Tipos de Análise – Por exposição X market share (9)

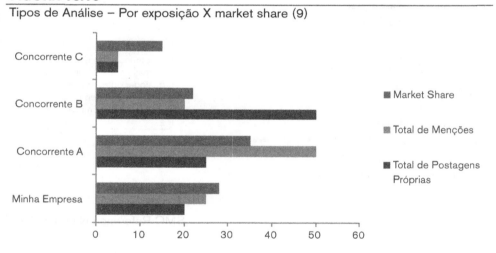

SMC Reference Number: 69

Análise por audiência e Relevância de influenciadores

Apesar de ser um método analítico de comparação, a análise por audiência e relevância de influenciadores compara o poder de engajamento e de influência de cada indivíduo que mencionou a empresa. Desse modo, consegue-se dar valor para cada uma das menções – dez menções positivas de usuários de baixo poder de formação de opinião talvez valham menos que uma menção negativa de um usuário com grande importância na formação de opinião da web.

Os indicadores que serão levados em conta podem ser diversos, como tamanho de audiência, número de interações da audiência por postagem, alcance da mensagem, número de postagens referentes a um determinado tema, número de citações a sua empresa e etc.

FIGURA 10.11

Uma menção do usuário 9 tem maior impacto que a de qualquer outro usuário – com poucas postagens atinge um público maior

SMC Reference Number: 70

Nenhum dos dez métodos de análise sugeridos é autossuficiente. Pelo contrário, são complementares e devem ser usados concomitantemente para um mesmo monitoramento, sempre tomando como norteador o objetivo informativo de interesse. Essa mescla de métodos analíticos nada mais é que um afunilamento do enfoque, um tipo de lupa. É possível, por exemplo, unir as análises por sentimento, de sazonalidade por mineração de dados (BI), de concorrência e de vendas. A análise mista dá dicas sobre o impacto do volume de menções positivas em mídias sociais para uma empresa em seu mercado.

ANALISAR: TRANSFORMANDO DADOS ISOLADOS E DESCONTEXTUALIZADOS EM INFORMAÇÕES RELEVANTES

Do mesmo modo que o ganho é maior quando se mesclam os métodos citados, a dificuldade de extração dos dados e a demora para realização da análise são maiores. Assim como todo o restante do processo de mídias sociais, essa etapa passa por um *trade-off* característico: Qual é o investimento de tempo, pessoal e dinheiro que minha empresa está disposta a fazer para a análise dos dados de mídias sociais? Qual é o interesse em obter dados com grande profundidade informativa? Qual é o impacto dessa troca para o meu negócio? Essa escolha é um reflexo característico do nível de maturidade da empresa.

Comunicar – mais importante que ter a informação, é transmitir a quem interessa

Para atingir os objetivos do trabalho com monitoramento, é fundamental que as informações sejam passadas de forma didática. Isso porque "um relatório de monitoramento não deve ser feito de um analista para outro analista, ele não deve fazer sentido na nossa cabeça, ele deve fazer sentido na cabeça de quem realmente precisa entender"[1], como aponta a pesquisadora de métricas de mídias sociais Priscila Muniz. Assim, há três principais pilares que devem ser estudados antes de se fazer um relatório:

- **Interesses do público-alvo**: saber definir quem é seu público, nesse caso, é muito mais que ter um perfil psicográfico. É saber quais setores ficarão satisfeitos com o relatório, quais são as suas necessidades, como o relatório pode resolver os problemas das áreas e como os interlocutores podem se beneficiar das análises. Se um dos consumidores do relatório é o diretor de atendimento, é provável que as informações de maior valor sejam justamente aquelas que dizem respeito a sua área. Quanto maior a sinergia entre o conteúdo apresentado no relatório com o interesse do interlocutor, mais fácil será de repassar as principais conclusões. Por isso, opte por *dashboards* com as principais informações para os consumidores do relatório;

- **Conhecimento do público-alvo**: mídias sociais, como visto anteriormente, são uma área de conhecimento que abrange uma série de outros conhecimentos. Isso significa dizer que há públicos que podem não ser familiarizados com as principais implicações e dados do relatório de mídias sociais. Identifique o nível de conhecimento de seus interlocutores e saiba quanto eles conseguem captar das informações que estarão no relatório. Isso significa dizer: use uma linguagem não técnica e gráficos didáticos. Para evitar complicações para todas as partes, opte por cápsulas de informações. As conclusões mais simples podem ser mais facilmente digeridas, inclusive por públicos iniciantes; e

- **Relação público-alvo X núcleo de mídias sociais**: o que se espera do relatório? Qual deve ser a profundidade que os interlocutores precisam ter? Atender a expectativas e falar o que espera ser ouvido também colabora para uma comunicação efetiva das análises contidas no relatório. Essas expectativas estão intimamente relacionadas à que competências os interlocutores pressupõem que o orador possui.

FIGURA 10.12
Três pilares da comunicação de um monitoramento

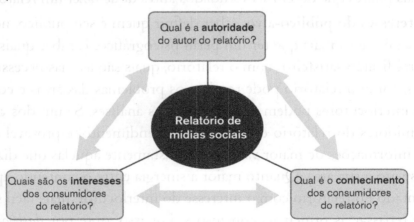

SMC Reference Number: 71

ANALISAR: TRANSFORMANDO DADOS ISOLADOS E DESCONTEXTUALIZADOS EM INFORMAÇÕES RELEVANTES

Uma vez feita a leitura do contexto retórico, há algumas boas práticas para que a produção do relatório seja funcional e eficiente:

- **So what?**: comunicar as análises do monitoramento é uma tarefa demorada e que atende a diversos profissionais, de diversas áreas e diversos interesses. Ser objetivo e fazer um grande resumo inicial nas primeiras páginas do relatório é uma estratégia eficiente para demonstrar as conclusões mais genéricas e que dizem respeito à maioria da empresa. Um bom relatório pode trazer vários "so what?" – um para cada bloco de conteúdo, por exemplo. Isso ajuda na fluidez da leitura;

- **Gráficos**: usá-los ao máximo é uma tática bastante usual para ilustrar aquilo que parece ser intangível – até os menos familiarizados com o assunto passam a conseguir ver informações se colocadas em gráficos, por se tratar de uma linguagem mais familiar aos olhos de profissionais de negócio. Isso não significa dizer que pequenos textos ou legendas são desnecessários – pelo contrário, eles se tornam complementares;

- **Exemplos**: para trazer as análises e conclusões para o campo da realidade, é comum dar exemplos das menções que resultaram no relatório. Essa é uma maneira de ilustrar o que está sendo falado em números;

- **Didática**: não superestime nem subestime o conhecimento do cliente da informação – o relatório deve ser objetivo e claro no que quer passar. Quanto mais artifícios gráficos ou textuais forem usados, mais fácil será a compreensão para seu interlocutor;

- **Fale de negócio**: não estamos falando de mídias sociais, estamos falando de uma estratégia de negócio usando as mídias sociais como ferramenta. Fazer relações dos gráficos expostos com os objetivos de negócio – e os objetivos de cada núcleo da empresa – é obrigatório para mostrar a importância do relatório para a evolução da empresa;

- **Saia do óbvio:** conclusões descritivas não são interessantes para ninguém. O especialista em mídias sociais deve conseguir sugerir soluções para os problemas apresentados e ações que surgiram de *insights* da produção do relatório de mídias sociais. O principal é chegar a conclusões que, de fato, possam ser utilizadas pela empresa.

Melhorar – o trabalho de monitoramento exige uma evolução contínua

O relatório do monitoramento trará uma série de conclusões e sugestões de melhoria para setores variados da empresa – que não dizem respeito aos processos em mídias sociais. Mas ainda há uma etapa final para a análise: a de melhorar e otimizar o processo de monitoramento. Essa é uma fase de avaliação própria que busca alcançar melhores resultados e mais eficiência no processo como um todo.

Há dois métodos principais para a realização da melhoria no processo de monitoramento: **(A)** Otimização de atividades e **(B)** Brainstorm de sugestões. O primeiro é praticamente matemático, preciso e metrificável, enquanto o segundo é muito mais imaginativo, criativo e "às escuras", como veremos a seguir. Para ambos os métodos, é ideal manter uma periodicidade para pensar nas melhorias do monitoramento – período esse que não é preciso ou determinado para toda empresa; tudo varia de acordo com a velocidade do próprio processo, na satisfação da empresa com a sua eficiência e etc.

Otimização de atividades

A pergunta a ser feita é: como eu posso fazer esse mesmo processo de maneira mais rápida? Ou então: como eu posso conseguir melhores objetivos com esse mesmo processo? Aqui, o objetivo é conseguir fazer o que deve ser feito em menos tempo, com menos esforço e com maior eficiência. Para que essa avaliação seja feita de um modo mais acertado, é recomendável avaliar qual atividade é ineficiente. Há uma balança bastan-

ANALISAR: TRANSFORMANDO DADOS ISOLADOS E DESCONTEXTUALIZADOS EM INFORMAÇÕES RELEVANTES

te comum no mercado, que confronta o custo investido (pessoal, tempo, financeiro e etc.) com o ganho (resultado). Se há inúmeras atividades, basta colocá-las numa matriz e definir qual será a primeira a passar por uma otimização. O gráfico seguinte descreve essa matriz.

FIGURA 10.13
Melhorar o monitoramento através da otimização das atividades

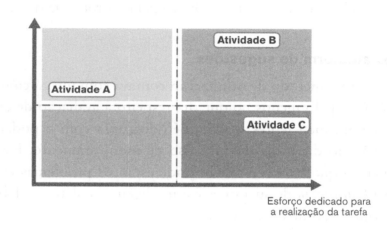

SMC Reference Number: 72

As áreas mais escuras do gráfico abarcam as atividades "obsoletas" — ineficientes e ineficazes, custam muito e trazem pouco ganho para o monitoramento. De acordo com o exemplo da Figura 10.13, a atividade C é a primeira a ter de ser repensada — o esforço é muito grande e o impacto para o monitoramento é pequeno. Por essa mesma lógica, a atividade B seria a seguinte, e a atividade A seria a última a ser otimizada.

Uma vez mapeadas as atividades que serão repensadas e aprimoradas, uma série de questionamentos são levantados a fim de encontrar uma resolução para a questão da eficiência da atividade:

- É possível criar uma tecnologia que automatize essa atividade?
- Existe algum tipo de software para tornar mais rápida a execução da atividade?

- Há agências ou profissionais especializados na realização dessa tarefa? E na otimização dessa tarefa?
- A minha agência terceirizada está sendo ineficiente?
- É possível retirar essa atividade do processo e substituí-la por uma similar? Ou excluí-la permanentemente?

Essas perguntas servem como norteador da tomada de decisão – com elas, delineia-se uma solução para o problema de ineficiência.

Brainstorm de sugestões

Se o método de otimização contava com um cálculo para ser realizado – pelo menos no que diz respeito à avaliação de quais atividades estavam ineficientes –, esse método conta com o poder daqueles que estão no dia a dia do processo de monitoramento. Essas pessoas sabem o que é feito e sabem onde estão os problemas em suas rotinas. O *brainstorm* de sugestões é a inteligência coletiva colaborando para a otimização dos processos.

Periodicamente, é conveniente que a equipe que age diretamente no monitoramento de mídias sociais se reúna para apresentar suas sugestões, suas críticas e as soluções. É um processo criativo e complementar àquele sugerido anteriormente, onde cada um é especialista em sua própria atividade, reconhecendo os principais furos e soluções mais cabíveis e coerentes.

NOTAS

1   *Precisamos falar sobre o Relatório de Monitoramento* - Blog "SEO de Saia" - 26 de Junho de 2012 - http://www.seodesaia.com.br/midias-sociais/precisamos-falar-sobre-o-relatorio-de-monitoramento

CONCLUSÃO
A CULTURA DAS MÍDIAS SOCIAIS

Vimos neste livro como o monitoramento das mídias sociais pode contribuir para todas as frentes de um negócio e como colocar isso em prática. Percebemos que fazer esse trabalho está longe de ser algo simples e trivial, mas os ganhos são compensadores.

Este livro, mais que explorar o tema, traz uma metodologia de trabalho. Essa é a sua primeira versão e, com certeza, poderá ser evoluída junto com você. Caso tenha interesse em contribuir ou aprender mais sobre monitoramento e métricas de mídias sociais acesse: www.scupminds.com.br

www.dvseditora.com.br